新编21世纪高等职业教育精品教材

市场营销系列

品牌策划与推广

主　编／周朝霞

副主编／焦　玥

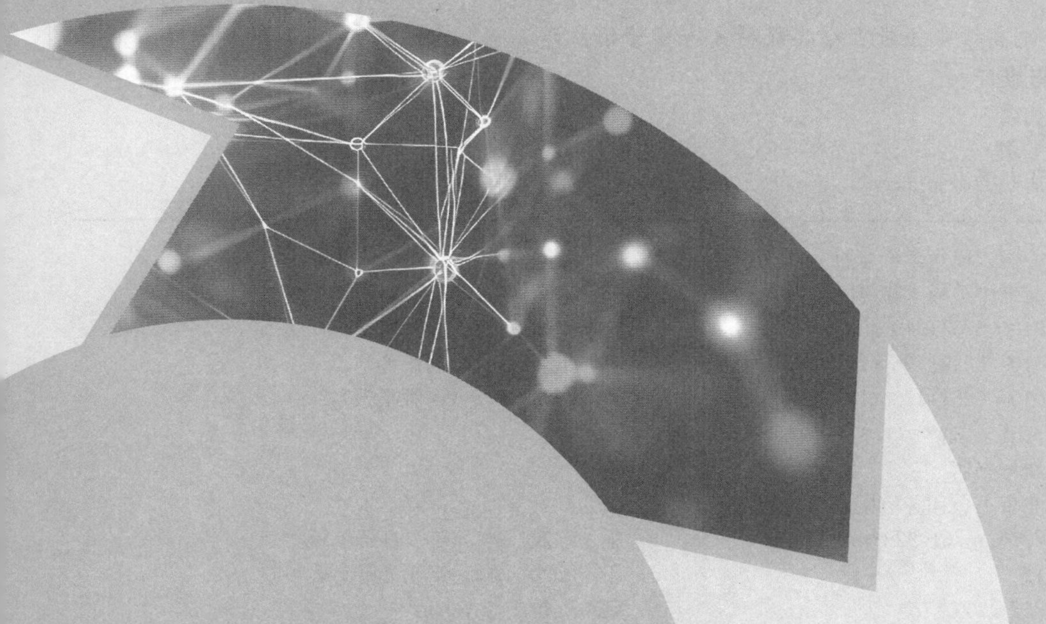

中国人民大学出版社

·北京·

图书在版编目（CIP）数据

品牌策划与推广 / 周朝霞主编. --北京：中国人民大学出版社，2025.3. --(新编21世纪高等职业教育精品教材). --ISBN 978-7-300-33772-2

Ⅰ. F273.2

中国国家版本馆CIP数据核字第2025JJ6266号

新编21世纪高等职业教育精品教材·市场营销系列

品牌策划与推广

主　编　周朝霞

副主编　焦　玥

Pinpai Cehua yu Tuiguang

出版发行	中国人民大学出版社		
社　　址	北京中关村大街31号	**邮政编码**	100080
电　　话	010－62511242（总编室）		010－62511770（质管部）
	010－82501766（邮购部）		010－62514148（门市部）
	010－62511173（发行公司）		010－62515275（盗版举报）
网　　址	http://www.crup.com.cn		
经　　销	新华书店		
印　　刷	北京七色印务有限公司		
开　　本	787 mm×1092 mm　1/16	**版　　次**	2025年3月第1版
印　　张	12	**印　　次**	2025年3月第1次印刷
字　　数	255 000	**定　　价**	38.00元

前言

品牌是推动一国经济增长和文化进步的重要力量，是衡量一国经济发展水平和可持续发展能力的重要指标。党的二十大报告指出："高质量发展是全面建设社会主义现代化国家的首要任务。""到二〇三五年，我国发展的总体目标是：经济实力、科技实力、综合国力大幅跃升，人均国内生产总值迈上新的大台阶，达到中等发达国家水平……""坚持把发展经济的着力点放在实体经济上，推进新型工业化，加快建设制造强国、质量强国、航天强国、交通强国、网络强国、数字中国。"拥有世界级品牌的数量是衡量一个国家竞争力的重要标志。我国现已成为世界第二大经济体、第一大出口国，但我国的企业在世界级品牌创建上仍有很长的路要走。要从制造强国发展为品牌强国，我国企业要承担光荣而艰巨的任务。品牌代表着统一的品质、恒久的企业形象、优质的服务、共同的消费心理基础和不断创新的技术，是企业对商品价值的一种承诺。品牌的高附加值是企业盈利的关键，品牌本身会给企业创造巨大的收益。品牌是企业核心竞争力的象征，是企业的灵魂，企业如果没有自己的品牌，就很难在竞争激烈的市场上立足。一些大型跨国公司最大的特点就是把品牌看作企业的生命线，突出强势品牌，不惜一切代价塑造和维护产品与企业的品牌形象。品牌是一种新的战略资源，它集合了技术、质量、服务、管理、诚信、文化等要素，是集约型经济的体现。品牌发展能持续在生产、流通、传播、营销等领域产生规模效应，降低成本，提高生产效率。企业可以在全国、全球实施统一的品牌化经营，如在包装、宣传、营销及其他方面实施统一经营活动，从而降低营销成本。我国企业品牌大力发展和群体崛起必定能带动我国企业的快速转型升级。

本书具有以下特点：(1) 在理念上，本书按照教育部职业核心关键能力的要求编写，力求既体现理论性又体现职业性和技能性。(2) 在内容上，本书按照品牌传播的过程来设计各章节，全书包括品牌与品牌推广、品牌资产、品牌形象构建、品牌定位策划、品牌个性策划、品牌文化策划、品牌视觉策划、品牌推广、品牌推广策略、品牌推广效果评估共十章。(3) 在形式上，本书根据内容及职业技能的要求，通过案例等对理论内容进行深入介绍、多样化和技能化设计，力求以实践为导向，通过多种形式培养读者的品牌传播素养和操作能力。(4) 在资源建设上，本书配有丰富的数字资源，读者可直接扫描书中二维码获取最新案例。

本书的编写分工如下：浙江传媒学院周朝霞教授编写第一章、第二章、第三章、第四章、第五章、第六章、第七章、第十章，浙江传媒学院讲师焦玥博士编写第八章、第九章，浙江传媒学院研究生常欢、王晶晶、朱珂歆进行了资料的收集与整理。全书由周朝霞教授设计、修改和统稿。

由于编者水平有限，书中难免有不足之处，敬请读者批评指正。书中引用了很多品牌、营销、传播等学科学者的研究成果，我们在参考文献中一一列出，但难免挂一漏万，在此对相关资料的原作者表达深深的敬意和谢意！

编　者

2025 年 3 月于杭州

目录

第一章 品牌与品牌推广

学习目标

知识目标： 理解品牌与品牌推广的含义、品牌的特性、种类、价值以及品牌发展的历史。

能力目标： 掌握品牌内涵分析的方法以及学会区分品牌种类。

素质目标： 建立品牌认知素养。

知识导图

- 品牌概述
  - 品牌的含义与构成
  - 品牌的内涵
  - 品牌的特性
  - 品牌与相关概念的区别与联系
  - 品牌的价值
  - 品牌的种类
  - 品牌策划与品牌推广的含义
- 品牌的起源和发展
  - 品牌实践发展历程
  - 品牌理论的演化与发展

引导案例

2016年1月，喜茶品牌正式注册成立。在创业之初，喜茶就确立了自己要做的是茶饮的年轻化，而不是奶茶的升级。喜茶对标“茶饮界的星巴克”，将传统茶饮文化融入新式奶茶，以在中国茶饮界树立起自己的“文化自信”为品牌目标。创始人将“酷”“灵感”等关键词注入品牌之中，使品牌内涵更加丰富。

喜茶的Logo和店面突出酷、灵感、禅意等设计理念，彰显自身的年轻化、与众不同。在品牌塑造上，喜茶通过营销进一步塑造品牌形象，扩大自身的品牌影响力。首先，喜茶将公众号变成一个输出品牌内容的载体。公众号推文内容以宣传新品为主，每一篇推文都会紧密结合新品特点，从风格、图片、文字、排版等方面与其匹配，具有极高的质量，使消费者保持新鲜感。其次，喜茶与微博、小红书和大众点评等社交平台上的意见领袖合作，通过意见领袖的影响力来推广产品并获取关注度。最后，喜茶还积极地进行城市限定和跨界联名，不断对自身品牌进行延伸，扩大其影响力，提高其知名度。

资料来源：刘祯，汪天钰．喜茶之道：新式茶饮，何以领先？[J]. 清华管理评论，2021（05）．(经作者改写)

第一节 品牌概述

一、品牌的含义与构成

根据荷兰学者里克·莱兹伯斯的研究，英语中品牌（Brand）一词很可能起源于中世纪，源于古挪威词汇“Btandr”，意思是“烙印”，原指烙在动物身上以区分所有权的标记，是农场牲畜身上表示归属的印记。在广漠的草原上，牧民们放牧着成千上万的牛，如何区分谁家的牛是一个难题。聪明的牛仔想出一个简单有效的方法：给自家的牛打上烙印。于是按照牛仔的姓名或者喜欢的图案打造的铁块就生产出来了。他们将铁块放在火里烧红，烫在牛、马的臀部或背上，这样烙印就会永远伴随牲畜了。如今在美国、加拿大的牧场主还保留着一个重要的传统节日——烙印日。这天，牧民们要在牧场新生一代的牛身上烙上代表牧场的标记。

（一）现代概念品牌的诞生

1867年，宝洁公司还是一家专门生产蜡烛和肥皂的企业，当时宝洁公司和其他企业一样将产品堆在码头上，为了防止产品被风吹雨打，每堆货物上都被盖上了帆布。客商在订货时打开帆布看货验货，觉得好就运走，就成交。当时，一位宝洁公司员工在自己公司的帆布上画了一个极大的圆圈和一个五星，结果商品迅速被客商一抢而空。没打标记前，一堆货从放进码头到销售出去平均需要 15 天，而打了标记的货物销售时间仅为 2 小时。其他客商纷纷效仿，他们也在自己的帆布上打上自己的标记，帆布上的标记越来越多，一片混乱。怎样才能既继续保持优势又能够不受其他商家、产品的影响？有人想出了一个办法：在产品上打上独一无二的标记。宝洁公司做出了历史性的决定：给每一类产品取一个属于自己的名字，以保持产品的独特性。于是，世界上第一个有品牌的产品——IVORY 香皂诞生了。宝洁公司还发明了经理人全程管理一个品牌的品牌经理制。世界上第一个真正意义上的品牌诞生了！

（二）中外学者关于品牌的定义的不同观点

菲利普·科特勒在《营销管理》中对于品牌的定义是："一个名称、术语、标志、符号或设计，或者是它们的结合体，用以识别某个销售商或某一群销售商的产品或服务，并使其与竞争者的产品或服务区分开来。"

大卫·奥格威认为："品牌是一种错综复杂的象征，它是品牌属性、名称、包装、价格、历史、声誉、广告方式的无形总和。品牌同时也因消费者对其使用者的印象，以及自身的经验而有所界定。"

约翰·菲利普·琼斯认为："品牌是指能为顾客提供其认为值得购买的功能利益及附加价值的产品，附加价值是品牌定义中最重要的部分。"

戴维·阿克也曾指出："品牌就是产品、符号、人、企业与消费者之间的联结和沟通，是一种消费者能亲身参与的更深层次的关系，是一种与消费者进行理性和感性互动的总和。若不能与消费者结成亲密关系，产品就从根本上丧失了被称为品牌的资格。"

我国著名品牌专家余明阳在其著作《品牌学》中，将品牌描述为："它是在营销或传播过程中形成的，用以将产品与消费者关系利益团体联系起来，并带来新价值的一种媒介。这是关系说、资源说及要素说思想的体现。"

我们根据美国营销协会的定义，认为品牌是一种名称、术语、标记、符号、设计，或者它们的组合运用，其目的是借以辨认某个销售者或某群销售者的产品及服务，并使之与竞争对手的产品和服务区分开来。

二、品牌的内涵

品牌表面上是一种名称、术语、标记、符号、设计，或是它们的组合运用，但品牌又不仅仅是这样，它有着丰富的内涵。

（1）品牌的属性：主要是指产品的功能、特征等。如海尔冰箱的品牌属性是冷冻/制冷、保鲜、冷藏。

（2）品牌的利益：就是指品牌能带给消费者的经济利益、服务利益。如海尔冰箱带给消费者的利益是省电、省时、省钱、省力、经久耐用。

（3）品牌的价值：就是指品牌给予消费者的价值感、效用价值。如海尔冰箱的品牌价值是“海尔是中国名牌，也是世界名牌”。

（4）品牌文化：就是指品牌物质形态和精神形态的统一，是企业文化的重要组成部分。如海尔的品牌文化是真诚到永远、高品质、高效率。

（5）品牌个性：就是指品牌与众不同的特质。如海尔的品牌个性是真诚。

（6）品牌使用者：就是指品牌使用者所属的社会阶层。如海尔的品牌使用者是追求品质的人。

品牌的属性、品牌的利益、品牌使用者容易被人们理解，这些被称为浅意品牌；品牌的价值、品牌文化、品牌个性隐藏在品牌的深处，被称为深意品牌。

三、品牌的特性

（一）独特性

品牌的产生基于区别同类产品的目的。品牌具有天生的独特性，这一点受法律保护。《中华人民共和国商标法》第三十条明确规定：“申请注册的商标，凡不符合本法有关规定或者同他人在同一种商品或者类似商品上已经注册的或者初步审定的商标相同或者近似的，由商标局驳回申请，不予公告。”第五十七条第（二）款规定：“未经商标注册人的许可，在同一种商品上使用与其注册商标近似的商标，或者在类似商品上使用与其注册商标相同或者近似的商标，容易导致混淆的”都属侵犯注册商标专用权。这是以法律形式确保商标即品牌的独特性。

（二）可塑性

世界上的品牌都是从小到大、从国内到国际发展起来的，这就是品牌的可塑性，同时品牌还可以进行延伸。如“雀巢”这个品牌已经延伸到奶粉、巧克力、饼干等产品上面了。

（三）关联性

关联性是指品牌的联想关联。品牌的创立者总是根据目标消费者的实际需要与心理需要建立品牌文化的有关链接，从而赋予品牌关联性。如“宝马”让人想到成功人士，“香奈儿”让人想到极致的优雅，“海尔”让人想到品质和真诚。

（四）脆弱性

品牌是常青树，可以延续百年，但品牌也是脆弱的，因为其时时遭受组织内部、外部的各种因素的影响，如资源匮乏、环境恶化、竞争激烈、内部管理不善、决策失误、质量出错、服务危机等，这些都会对品牌的声誉造成重大影响甚至导致品牌死亡。

四、品牌与相关概念的区别与联系

（一）品牌与产品

1. 区别

（1）产品是具体存在的，品牌是存在于消费者认知中的。

（2）产品形成于生产环节，品牌形成于整个生产、消费等环节。

（3）产品重在质量与服务，品牌重在传播。

（4）产品都有生命周期，如初生期、生长期、成熟期和衰退期，而品牌可以长青。

2. 联系

（1）产品是品牌的载体，品牌依附于产品。

（2）产品质量是品牌竞争力的基础。

（二）品牌与名牌

1. 区别

品牌是一种商业标识，涵盖名称、术语、标记、符号、设计等元素，旨在区分产品或服务，承载着企业对消费者的承诺，其价值体现于消费者对品牌的认知、体验和信任。名牌则是在市场上具有极高知名度、美誉度与忠诚度的品牌，经过了长期的市场考验和消费者认可，具备广泛影响力与良好口碑。

2. 联系

品牌是名牌的基础，没有品牌，就无法形成名牌；名牌是品牌发展的高级阶段，是品牌知名度、美誉度达到一定高度的体现，名牌的成功能为品牌带来更多资源和发展机会，进一步巩固品牌地位。

（三）品牌与商标

1. 区别

（1）品牌一经注册就成了商标。

（2）品牌代表一定的文化，商标仅仅是标记。

（3）品牌是市场概念，商标是法律概念。

2. 联系

品牌和商标都是无形资产，都有一定的专有性，其目的都是区别于竞争者，有助于消费者识别。

五、品牌的价值

（一）对于消费者来说

（1）品牌是产品来源的标志，是好质量的标识。

（2）品牌可以减少风险，是承诺、保证书，是消费者与产品制造者的契约。

（3）品牌是象征的手段，高贵的品牌是消费者高贵身份的象征。

（二）对于制造商（公司）来说

品牌是合法保护独特性特征的方法（专利间接保护），是满足顾客质量要求的方法，是赋予产品独特性的方法，是产品竞争优势的来源和丰厚财务回报的来源。品牌价值是企业核心竞争力的基础。在现代社会，企业能否在国内以及国际市场中生存与发展，创建品牌是核心，而创建品牌深层次的目的是企业可以获取更为可观的营收。

（三）对于国家来说

品牌战略是国家战略之一。资本是船，品牌是帆，有了品牌之帆，资本之船才能一帆风顺。今天市场竞争的实质是品牌的竞争，品牌意味着高附加值、高利润、高市场占有率。一个国家、一个地区、一个企业是否拥有自己的强势品牌、知名品牌，是经济水平高低的标志，是综合实力强弱的集中体现。培育与发展知名品牌已成为企业、政府乃至国家的长期发展战略。世界品牌实验室（World Brand Lab）学术委员会前主席、1999 年诺贝尔经济学奖得主罗伯特·蒙代尔教授曾说，“品牌是世界交流的语言，也是国家名片”。

六、品牌的种类

（一）产品品牌

产品品牌是为有形产品所赋予的品牌。具体来看，产品品牌又分为消费品品牌、工业品品牌和自有品牌。前两种品牌都属于制造商的品牌，而自有品牌则属于零售商的品牌。零售商从一个代工生产商那里定制或采购无牌产品，然后贴上自己商店的品牌或自创的产品品牌，这就是自有品牌。

（二）服务品牌

服务品牌是为无形的服务所赋予的品牌。综观全球，国际大都市的产业结构有两个70%的现象，即第三产业占 GDP 的 70%，在第三产业中占 70%的是生产性服务业或专业服务业。可见，服务业在国民经济中的地位举足轻重。由于服务具有无形性、变动性、同时性、易逝性等特点，因此品牌的识别功能显得尤为重要。具体来看，服务品牌分为服务型企业服务品牌和生产型企业服务品牌。

1. 服务型企业服务品牌

服务型企业服务品牌是指超市、旅行社、酒店、航空公司、网站等服务行业的品牌，如百佳超市、中国青年旅行社、香格里拉大酒店、中国国际航空公司、新浪网等。这类品牌在人们生活中非常普遍。

2. 生产型企业服务品牌

生产型企业服务品牌是指一些耐用品的维修、咨询等售后服务。如我国汽车业的第一个售后服务品牌“Buick Care（别克关怀）”，推出 6 项标准化“关心服务”，即主动提醒问候，一对一顾问式服务，快速保养通道服务，配件价格、工时透明管理服务，专业技术维修认证服务，两年或 4 万公里质量担保服务。类似的还有海南马自达汽车公司推出的“蓝色扳手”，摩托罗拉公司推出的“服务快车”等售后服务品牌。

（三）组织品牌

组织品牌具体包括企业品牌和非营利组织品牌。一些公司采用了与产品一致的品牌，如联想、索尼、海尔；另一些公司的品牌与产品不同，如宝洁、联合利华。建设企业品牌的目的是在消费者心中建立专业的、可信的、有实力的企业形象，以便使推出的产品“系出名门”，更容易被消费者接受。一些非营利组织也在打造品牌，以便更好地发挥其职能，如国际奥委会、国际红十字会、哈佛大学等。

（四）个人品牌

个人品牌以个人作为品牌化的对象。其实个人品牌古已有之，如孔子、老子、孙中山等，而对其展开研究还是近些年的事。目前，被大众广为接受的个人品牌主要包括企业家、运动员、演员、歌手、主持人、导演、作家、经济学家、教练员、模特、社会活动家等。这些名人的社会影响力已经被一些专业品牌机构量化为品牌价值，如“胡润”“福布斯”都有中国名人价值排行榜出台。从理论上说，不论是名人还是普通人，每个人都能成为个人品牌，因为每个人对于这个社会都有独特的意义和价值，只不过其影响的范围和程度不同。

经典案例

姚明品牌

在现在的商业时代，明星已成为一个品牌，想要做好明星品牌的维护，对明星品牌进行专业合理的公关管理必不可少，而在这方面，姚明无疑是一个成功的案例。

1. 姚明的个人情况

里程碑事件：NBA 状元秀，NBA 全明星首发中锋。

经纪人：由美国著名经理人比尔·达菲管理的品牌代理公司组成的“姚之队”。

签约广告客户：中国联通 CDMA、苹果电脑、佳得乐运动饮料、麦当劳、锐步、百事等。

公益代言：2003 年，姚明联合上海电视台等单位举办“超级明星超级爱心”抗非典捐款活动；与约翰逊合拍预防艾滋病的广告。

2. 姚明品牌成功的原因

姚明作为一个品牌创造了巨大的价值，不禁让人们去分析他成功的原因，主要有以下几点：

（1）优异的体育成绩。

作为一个体育明星，姚明有优异的体育成绩，在 NBA 的优异表现是其品牌的本钱，但不能作为其成功的全部。

（2）优秀的公关管理团队。

很多明星都会请经纪人来管理自己的品牌形象，而姚明的“姚之队”是成功的典范。

在姚明成名之初，“姚之队”为姚明商业代言确立了五项基本原则：

1）产品是否符合姚明本身品牌；

2）这些公司的社会效益如何；

3）姚明本人对这些公司以及对他们的产品是否感兴趣；

4）商家如何利用姚明品牌；

5）代言的品牌能否和姚明的自身品牌做到相互渗透、相互提高。

在确定姚明代言的商家之前，“姚之队”甚至还会对该商家进行认真细致的市场考量，用严谨的数学模型方式对他们进行量化市场调查。如此严谨而专业的运作，不仅让姚明所代言的广告都与姚明品牌价值相符，而且也收获了极高的品牌价格。

优秀的公关管理团队是姚明品牌成功的一个关键原因，正是因为他们的合理规划，才使姚明的形象在这几年中成功避过了危机。

2002 年 6 月 9 日至 12 日，美国休斯敦火箭队代表团来到中国，与上海东方俱乐部及中国篮协就姚明赴美打球的有关事宜进行商谈。6 月 21 日，中国篮协举行新闻通气会，宣布正随国家队集训的姚明将不赴美出席 NBA 选秀大会。之后，在“姚之队”的努力与让步下，有关部门大开绿灯，姚明成功登陆 NBA。

“姚之队”在姚明与可口可乐官司中的表现也可谓步步为营、可圈可点。无论是最初 1 元的象征性标志，还是最终的和解结果，都突显了姚明品牌形象的大气。向官司对手施压时，“姚之队”绵里藏针的“三招棋”相当精妙：第一招，姚明在起诉状中索赔精神损害抚慰金及经济损失人民币 1 元，表明其不愿在赔偿金额上过多纠缠；第二招，全权代表姚明的“姚之队”特邀五名律师加盟；第三招，姚明借新百事广告的发布，进一步强调了与百事的合作关系。

相较其他明星深陷形象侵权的官司中，“姚之队”的处理很科学，看得很长远，打1元官司的目的是维护形象而不是乘机敲诈一笔钱，在舆论上就占领了高地。

(3) 正确把握了体育成绩的“双刃剑”。

体育成绩对体育明星来说是一把双刃剑。体育成绩好，自然给形象加分，但谁也不能保证体育明星的成绩一直是好的。当体育成绩不好时，他们的形象问题又该怎样处理？体育明星的形象由两方面组成：一是场上的成绩，二是场下的人气。“姚之队”一方面强调不让各种公关活动影响姚明的训练和比赛，另一方面又不是很强调姚明的成绩。这个度把握得很好。姚明在NBA打球的时候，火箭队的成绩有起有落，但他的人气一直很高。

(4) 正确把握了商业化的度。

体育明星和商家合作，代言广告本身也没什么，重要的是不能过于商业化。体育明星不同于娱乐明星，其还代表体育的健康、积极、公益性质，因此公益活动是不可忽视的。“姚之队”对姚明的几次公益活动的包装都取得了很好的效果。

(5) 确定自己的品牌形象定位。

姚明的形象是健康、向上、积极奋斗、不懈努力、负责任等。因此在姚明的每一则广告中，篮球、向上、阳光、直面挑战、英雄主义等是必不可少的几大品牌元素。明确自己的品牌定位，就知道什么该要什么不该要，如何避免过度娱乐化。在这个世界，娱乐明星是不缺的，体育明星的价值核心就是稀缺性和纯粹性。过度的娱乐化会模糊体育明星的形象定位，使体育明星失去形象的独特性。

(五) 事件品牌

事件品牌是以事件为载体的品牌。事件包括体育、会展、节庆、演出等，如奥运会、深圳高交会、大连啤酒节等。由于越来越多的事件希望获得更多的参与者，而注意力已成为稀缺资源，因此打造事件品牌成了必然选择。这是由品牌能够帮助消费者减少风险、简化选择过程的功能特性所决定的。在收获社会价值的同时，事件品牌也在收获经济价值。例如：奥运会不仅获得了全球体育迷的疯狂拥趸，而且还获得了大量收入，包括电视转播收入、TOP赞助计划（国际奥林匹克广告赞助活动计划）收入、其他赞助收入、标志特许使用收入、正式供货商收入、纪念币和纪念邮票收入、体育彩票收入以及捐赠收入。

(六) 目的地品牌

目的地品牌是指将地理作为品牌化的对象，具体包括城市品牌和国家品牌。城市品牌是当前资源紧张、区域竞争程度加剧的产物。凯文·莱恩·凯勒教授指出：“产品和人一样，地理位置或某一空间区域也可以成为品牌。”国家品牌是一个范围更大的地理品牌概念，指的是一个国家在他国民众心目中的总体印象。国家和地区的竞争力和在公众心目中心理上的亲近度一致。

七、品牌策划与品牌推广的含义

品牌策划是指对品牌构建、品牌推广等工作的谋划、设计和安排。

品牌推广是指使企业说服消费者购买品牌产品或服务的一切促进销售的工具、手段和活动的组合传播活动。品牌推广就是将品牌产品最终送到消费者手中，从而实现品牌价值，是品牌建设的最终目的。品牌推广通过一系列的工作，将促使消费者最后做出购买决定。品牌推广的具体工作步骤包括品牌定位、建立品牌推广管理部门、选择品牌推广切入点、选择品牌推广方式、评估品牌推广效果五个阶段。

第二节 品牌的起源和发展

一、品牌实践发展历程

（一）西方国家的品牌发展历程

品牌的诞生与发展兴起于西方国家，而西方国家的品牌发展历程与其市场经济的发展是同步的，大致可以归纳为以下几个阶段。

1. 品牌产生的初始阶段（19 世纪中后期）

在西方，品牌的发展最早可以追溯到古希腊和古罗马时代，那时人们就开始有了商标意识。人们会将自家商品的标志或店铺的商标张贴出来以吸引顾客，品牌最原始的形态就是以标志的状态出现的。随着印刷术等技术的发明，传播的能力和范围得到显著提高，品牌的发展也步入了一个新的阶段。

从 19 世纪中叶开始，西方逐渐出现了各种各样的手工协会的标志，如水印、面包标记等，这些标志一方面可以用来吸引顾客，另一方面也可以对所生产的商品进行区分，以便保护商家的权利并且维护消费者的权益，防止假冒伪劣产品的出现。

19 世纪后期，欧洲人将品牌化的理念传入了美洲。在美国内战之前，一些药品制造企业因开始采用小瓶样式的包装而变得比较有名，随之而来的是这些企业开始使用商标来吸引消费者，逐渐地，一些烟草产品的包装、符号等也经过了商人们的精心设计。美国内战之后，加利福尼亚的畜牧业迅速发展，农场主会驱赶大量的牛到集市上售卖，但由于治安还未完全恢复，农场主为了保护自己的私有财产，便在牛的身体上烙下标记加以区分。后来，李维斯（Levi's）也申请了将铆钉固定在牛仔裤上使其更加牢固的专利，并且将自己的标记印在一块牛皮上，以告诉消费者其购买的牛仔裤是真的。逐渐地，商标就演变成了一种约定俗成的品牌标识。在这个时代，品牌发展的最大特点就是商标注册意识的觉醒和大量广告公司的出现。

2. 品牌逐步发展阶段（20 世纪中叶）

随着第二次工业革命结束，人类进入“电气时代”。在 19 世纪末 20 世纪初，西方国家的生产水平得到显著的提高，人工生产逐渐被取代，企业规模不断扩大，产生了一大批知名的品牌，如 1886 年可口可乐诞生；同年，奔驰创始人获得世界上第一辆汽车的专利权，标志着世界上第一辆汽车诞生；1896 年，亨利·福特将他的第一辆汽车开上了底特律大街。

这些品牌随着商品的输出和资本流动逐渐走向世界市场，成为世界级品牌，长盛不衰，至今仍然是市场上极具竞争力的品牌。新技术的发展催生了新的世界品牌，在世界市场掀起新的消费潮流。

3. 品牌发展成熟阶段（20 世纪 80 年代以后）

20 世纪 80 年代以后，全球经济飞速发展，发达国家在向发展中国家进行资本输出的同时，也开始做品牌输出，通过品牌兼并、品牌购买以及无偿提供等方式进行品牌扩张与宣传。

与此同时，各大企业的经营重心也开始转向品牌。1988 年《经济学人》在其刊物封面上印出“讲求品牌之年度”，用来体现企业对品牌的重视程度。由于企业对品牌的重视，西方品牌的传播实践也变得丰富起来，出现了整合营销传播的思想，这标志着西方品牌传播的发展走向了成熟。

（二）中国的品牌发展历程

与西方国家相比，中国品牌的发展较晚，生存环境并不优越。中国的品牌发展真正兴起于 20 世纪 80 年代，但相比之下，中国香港和台湾地区由于地理位置和经济制度的影响，在 20 世纪 70 年代左右就出现了一些打造自己品牌的企业家。

中国（不含港澳台）的品牌发展历程，大致可以归纳为以下五个阶段：

1. 品牌萌芽阶段（1978—1983 年）

在 20 世纪 80 年代初，中国企业还处于规模小、竞争力弱的局面，这时的中国品牌正经历着品牌建设时间最长、品牌数量最少的阶段，许多品牌都是企业在无意识中建立的，大家对品牌的认知还处于启蒙期。

1978 年，改革开放的到来标志着中国开始了由计划经济向市场经济的转变。此时的中国企业结束了计划经济，进入市场经济的竞争中。在这一时期，企业之间的竞争环境并不是很激烈，大家对品牌的意识还停留在仅追求商品的注册商标阶段。随着市场经济的发展，外资品牌进入中国市场，带动了中国国有企业和民营企业的品牌意识觉醒，激发了中国品牌的发展。不过这一时期的中国品牌发展还十分稚嫩。

2. 品牌快速成长阶段（1984—1991 年）

随着改革开放的进一步深化，广告业和媒体的力量逐步壮大，消费社会在中国开始慢慢形成。这一时期，中国民族品牌不断兴起，如联想、华为、娃哈哈等著名国产品牌开始起步。同时，随着外资企业大量涌入国内市场，民族企业还停留在只追求质量而忽视品牌建设的阶段，中国品牌生存环境变得空前紧张，许多民族品牌甚至消失在市场竞争中。这样的竞争环境使本土品牌不得不开始求变，通过改革得以在激烈的竞争中分得一杯羹。

在这一时期，中国品牌在竞争激烈的背景下完成了第一次蜕变。国内企业从生产观念快速过渡到市场营销观念，从单纯的生产型走向生产经营型；在品牌传播层面也开始进行专业化的探索。不过在如此快速的发展势头下，难免会忽略一些企业监管问题和企业素质问题。

3. 品牌逐步升级阶段（1992—2001 年）

1992 年，邓小平在“南方谈话”中鼓励中国本土企业：“我们应该有自己的拳头产品，创造出自己的世界品牌，否则就要受人欺负。”同时，国家也相继出台各种政策法规助力本土品牌发展，例如：1993 年我国重新修改了《中华人民共和国商标法》，使得商标制度在中国逐步走上正轨；1996 年国家工商总局[①]发布《驰名商标认定和管理暂行规定》，标志着我国驰名商标的认定和保护工作走上了规范化的道路，品牌的注册和管理也逐渐完善。在此之后的时间里，中国企业开始逐渐意识到品牌建设的重要性，并开始积极地探索品牌建设的策略，极大地推动了中国品牌建设的发展。

2001 年，中国加入世界贸易组织后，企业开始意识到品牌国际化的重要性，同时，消费者的品牌意识也逐渐增强。此时，国家也积极鼓励中国企业“走出去”，积极地融入国际化的大浪潮，如海尔、联想、康佳等知名品牌。

这一时期，在市场经济空前发展的前提下，本土企业在与外资企业激烈的竞争中也完成了新一轮的升级。理念上，中国企业积极吸收西方品牌传播理论并结合自身情况进行本土化；经营结构上，企业中开始逐渐普及市场部，使得品牌经营更加专业化和细致化。

4. 品牌繁荣发展阶段（2002—2012 年）

21 世纪之后，市场的竞争逐渐从产品、质量和价格竞争转向品牌的竞争，中国的经济发展也步入工业化转型、国际形象提升和深化完善市场经济的关键期，本土品牌开始直视国际品牌带来的竞争。《中华人民共和国国民经济和社会发展第十四个五年规划纲要》提出，“开展中国品牌创建行动”，品牌建设被正式提升到国家战略层面。这是对加快建设农业强国、制造强国、质量强国、贸易强国作出重大部署。而制造强、质量强、贸易强，

---

① 现已更名为国家市场监督管理总局。

中国品牌必须强。

在国家政策支持和国家经济飞速发展的背景下，中国品牌迎来了最为繁荣的发展时期。国有企业的品牌实力显著增强，涌现了一批世界知名品牌，代表中国走向世界，其国际影响力和竞争力显著提高。这个时期，我国的品牌化建设取得了巨大的进步，但现状仍然不容乐观，在知识产权保护、品牌价值升级等方面与国外的品牌建设仍有较大差距。

5. 品牌转型突破阶段（2013 年至今）

2013 年以后，中国的经济发展进入以提质增效、转型升级为主题的中高速发展的经济“新常态”阶段，消费逐步升级，大众的消费兴趣也开始多元化、个性化。数字技术的发展使得广告业和传统媒体进入艰难的转型期。同时，在这一时期，中国品牌也面临数字化转型，传统的品牌传播也将迎来变革以更好地适应全球化市场。未来，中国品牌的发展也将面临更多的机遇与挑战。

二、品牌理论的演化与发展

西方品牌的发展经历了漫长的过程，在其发展过程中，品牌理论也随之诞生，并且随着时代的发展而更新。品牌理论的发展大致可分为以下几个阶段。

（一）品牌观念阶段（20 世纪 50—60 年代）

20 世纪 50—60 年代是品牌观念阶段，这一阶段主要以研究“什么是品牌”“为何需要品牌”为主。

在这一阶段，美国广告大师大卫·奥格威、美国学者伯利·B. 加德纳和西德尼·J. 利维分别提出了品牌定义，美国市场营销协会的定义委员会也提出了通用的品牌定义。1950 年，大卫·奥格威提出：“品牌是一种错综复杂的象征，它是品牌属性、名称、包装、价格、历史、声誉、广告方式的无形总和。品牌同时也因消费者对其使用的印象，以及自身的经验有所界定。”1955 年，伯利·B. 加德纳和西德尼·J. 利维在《哈佛商业评论》上发表的《产品与品牌》一文中提出了情感性品牌和品牌个性思想，他们认为：“品牌具有理性价值和情感价值，品牌创建需要超越差异性和功能主义，注重开发一种个性价值，使顾客享受满意服务。”1960 年，美国市场营销协会的定义委员会认为：“品牌是一种名称、术语、标记、符号、设计或是它们的组合运用，其目的是借以辨认某个销售者或某群销售者的产品及服务，并使之与竞争对手的产品和服务区分开来。”

20 世纪 50 年代初，罗素·瑞夫斯提出 USP 理论，USP 即“独特的销售主张”(Unique Selling Proposition)，要求向消费者传达一个“独特的销售主张”，其特点是必须向受众陈述产品的卖点，同时这个卖点必须是独特的、能够带来销量的；1955 年，大卫·奥格威等提出 CI 理论，这是为确定企业宗旨、规范企业行为、设计企业统一视觉识别系统而形成的对企业形象的总体设计，由理念识别（Mind Identity，MI）、行为识别（Behavior Identity，BI）和视觉识别（Visual Identity，VI）三部分组成。

（二）品牌战略阶段（20 世纪 60—80 年代）

20 世纪 60—80 年代是品牌战略阶段，这一阶段的研究主题是“如何创建品牌”。在这一发展阶段，我们实现了从品牌到品牌化的跨越，出现了品牌化、品牌战略、品牌形象、品牌定位和品牌组合等概念。

1962 年，大卫·奥格威在《一个广告人的自白》一书中提出了品牌形象理论。品牌形象理论是广告创意策略理论中的一个重要流派，在品牌形象理论的影响下出现了大量优秀的、成功的广告。大卫·奥格威认为创建品牌的战略方法是塑造品牌形象，而品牌形象不是产品固有的，是消费者联系产品的质量、价格、历史等创建的。此观念认为，每一则广告都应是对构成整个品牌的长期投资。但是这一理论注重了品牌的感性价值，却忽略了品牌的理性价值。

20 世纪 60 年代末到 70 年代初，美国的商业竞争越来越激烈，传统的广告已经不起作用，在这样的环境下，美国著名营销专家艾·里斯与杰克·特劳特提出定位理论。艾·里斯与杰克·特劳特认为：“定位要从一个产品开始，那产品可能是一种商品、一项服务、一个机构甚至是一个人，也许就是你自己。但是定位不是你对产品要做的事，定位是你对预期客户要做的事。”

品牌组合是戴维·阿克所提出的概念，是指企业向消费者提供的特定产品类别中所包含的全部品牌和品牌线，并论述了公司品牌组合中各种品牌承担的角色及发挥的作用。戴维·阿克认为管理品牌组合的目的在于促进品牌之间的协同作用、充分利用品牌资产、创造并保持市场的相关性以及创建和提升强势品牌等。

（三）品牌资产阶段（20 世纪 80—90 年代）

20 世纪 80—90 年代是品牌资产阶段，这一阶段主要以研究“什么是品牌资产以及如何评估品牌资产”为主。在这一阶段，美国学者戴维·阿克、凯文·莱恩·凯勒等分别提出品牌资产的概念，中国学者卢泰宏提出了品牌资产评估模型。

1991 年，戴维·阿克在《管理品牌资产》一书中首次正式提出品牌资产定义。他认为：“品牌资产是与品牌、品牌名称和标志相联系，能够增加或减少企业所销售产品或提供服务的价值和顾客价值的一系列资产与负债。虽然创建品牌资产所基于的资产与负债各不相同，但是可将之分为以下几类：品牌忠诚度、品牌知名度、品质认知度、除品质认知度之外的品牌联想、品牌资产的其他专用权——专利权、商标、渠道关系等。”戴维·阿克的这一定义是公认的品牌资产的标准定义，但这一定义阐述了品牌资产的内涵和外延，却忽略了品牌资产的定量评估。

凯文·莱恩·凯勒在其于《市场营销》杂志上发表的《基于顾客来源的品牌资产评

估》一文中提出了品牌资产定义。他认为以顾客为本的品牌资产就是由于顾客对品牌的认知而引起的对该品牌营销的不同反应。与没有标明品牌的产品相比（比如该产品只有一个虚假的品牌或根本没有品牌），顾客更倾向于标明品牌的产品，并会对它的市场营销做出更积极的反应。这一定义注重品牌资产的顾客来源，但是忽略了品牌资产的竞争变化。

中国学者卢泰宏在《论品牌资产的定义》一文中提出品牌资产定义主要存在三种概念模型，分别为财务会计概念模型、基于市场的品牌力模型和基于消费者的概念模型。

（四）品牌管理阶段（20 世纪 90 年代—21 世纪初）

20 世纪 90 年代—21 世纪初是品牌管理阶段，这一阶段主要以研究“如何开展品牌管理”为主。在这一阶段，品牌传播思想主要以美国学者凯文·莱恩·凯勒的战略品牌管理理论、美国学者戴维·阿克的品牌领导理论和品牌组合理论为主。

凯文·莱恩·凯勒在《战略品牌管理》一书中提出了建立品牌资产、评估品牌资产和管理品牌资产的战略品牌管理过程。他从品牌资产视角出发，认为：“品牌本身就是有价值的无形资产，应谨慎处理。品牌给顾客和公司提供很多利益。品牌化的关键在于消费者是在一个产品类别中发现品牌的不同之处的。”

1998 年，戴维·阿克在《品牌领导》一书中提出品牌领导视角下的品牌识别、品牌组合、品牌创建和品牌组织的品牌管理过程。通过从战术管理到战略管理的进步，戴维·阿克认为：“品牌领导模式中的经理较之过去的注重战术和反应，更有策略头脑和远见卓识。他们对品牌进行战略性管理，使品牌反映消费者心目中的形象并持续有效地加以传播。为实现这一目标，品牌经理必须介入经营策略的制定和实施。经营策略是品牌策略的总指挥，它同样需要有战略眼光，能融入不同文化。”

2004 年，戴维·阿克在《品牌组合战略》一书中提出了品牌组合和品牌延伸的品牌管理过程，并且十分注重品牌组合的协同作用。戴维·阿克认为：“品牌组合的目标是促进协同作用，充分利用品牌资产，创造和保持市场的相关性，建设和支持差别化的、充满活力的品牌，并且实现清晰度评价。”

（五）品牌关系阶段（21 世纪以来）

21 世纪是品牌关系阶段，这一阶段主要以研究“如何发展品牌关系”为主。在这一阶段，顾客关系和关系营销的发展促使品牌传播建立品牌资产的新视野和新角度，产生了品牌互动关系理论、品牌关系、品牌关系指标理论、品牌社区和品牌体验等新概念。

1995 年，马斯·布莱克斯通在其于美国《广告研究》杂志上发表的《品质视角下的品牌资产》一文中提出了品牌互动关系理论。他认为：“品牌关系是客观品牌与主观品牌的互动，是品牌的客观方面（品牌形象，形象分好坏）和主观方面（品牌态度，态度分正负）两个维度相互作用的结果。”

品牌关系是伴随着品牌成长的一种状态，品牌建设者必须了解和维护良好的品牌关系。贝内特·瑞贝肯最先提出了品牌关系模型，随后，1998 年苏珊·富尼耶深化了品牌关系研究，并将品牌关系类比为社会人际交往中的 15 种关系模式，分别为包办婚姻、临时朋友、权宜婚姻、专一伙伴、最佳友谊、有区别的友谊、血缘关系、回弹关系、儿时友谊、求爱关系、依赖关系、放纵关系、敌意关系、奴役关系和私密交易。

1999 年，汤姆·邓肯和桑德拉·莫里亚蒂在《品牌至尊——利用整合营销创造终极价值》一书中针对品牌关系的外延提出了品牌关系指标理论。他们认为："从企业运作角度看，消费者与品牌关系包括知名度、可信度、一致性、接触点、回应度、热忱心、亲和力和喜爱度。"

2001 年，穆尼兹和吉恩提出："品牌社区是建立在使用某一品牌的消费者之间一整套社会关系基础上的、非地理意义的专门化社群。"品牌社区的形成源于社会身份认同、员工认同及顾客认同，并以消费者对品牌的情感利益为联系纽带，突破了传统社区意义上的地理区域界限。消费者可以通过在与品牌社区中其他成员的亲密关系中表达自我，获得认同，进而感到满足，以达到对品牌社区有较高的满意度和忠诚度，从而促进消费者进行重复购买和推荐购买等行为。

2004 年，伯尼特·瑞博肯尼在基于目标广告行业的实证研究分析中提出了"品牌体验"的概念。他认为："品牌体验是顾客对品牌某些经历产生回应的个别化感受，包含顾客和品牌之间的每一次互动——从最初的认识，到选择、购买、使用，再到坚持重复购买。"品牌体验是顾客对品牌的具体经历和感受，顾客获取的品牌体验会直接或间接地带来对品牌的忠诚。

可口可乐把自身 Logo"掰弯"

本章小结

本章从历史起源介绍品牌的产生和发展，提出了品牌和品牌推广的含义，分析了品牌的内涵、特性和价值，阐述了与品牌相关的几个概念，如品牌与产品、名牌、商标的区别和联系，分别介绍了中西方品牌实践和理论的发展历程。

本章测试

一、名词解释

品牌　　品牌推广　　名牌　　商标

二、判断题

1. 品牌就是名牌。（　　）

2. 品牌和商标形式相同，内涵不同。(　　)

3. 品牌起源于 20 世纪。(　　)

4. 品牌和产品是一体的。(　　)

5. 个人品牌不是品牌。(　　)

三、单项选择题

1. 品牌起源于(　　)。

A. 面包上的印记　　B. 动物身上的烙印

C. 衣服上的印记　　D. 商品上的标记

2. 拥有世界 500 强品牌最多的国家是(　　)。

A. 美国　　B. 中国　　C. 法国　　D. 英国

3. 西湖属于(　　)。

A. 城市品牌　　B. 地理品牌　　C. 目的地品牌　　D. 地域品牌

4. (　　)通过申请将铆钉固定在牛仔裤上使其更加牢固的专利，并且将自己的标记印在一块牛皮上。

A. 耐克　　B. 阿迪达斯　　C. 李维斯　　D. 李宁

5. (　　)在《基于顾客来源的品牌资产评估》一文中提出了品牌资产定义。

A. 菲利普·科特勒　　B. 凯文·莱恩·凯勒

C. 大卫·奥格威　　D. 罗伯特·蒙代尔

四、简答题

1. 简述品牌与商标的关系。

2. 举例说明品牌的内涵。

3. 简述品牌与产品的关系。

4. 简述品牌的特征。

五、论述题

1. 品牌的价值是什么?

2. 中国如何成为品牌强国?

六、案例分析题

案例 1：持续深化“中国优先”策略，充分满足“中国需求”

宝马(中国)一直都充分考虑中国客户的期望与需求，快速应对中国市场的变化。在本土化的发展中，宝马充分满足“中国需求”不仅表现在产品供给方面，还表现在文化方面，比如宝马一直致力于中国传统文化的保护，满足中国客户的精神需求。

从产品层面来看，宝马加快在中国的电动化步伐：2022 年，宝马在中国市场推出了 5 款纯电动车型。到 2023 年底，宝马在中国市场共推出了 7 款纯电动产品。

同时，宝马强化与国内优秀电池企业、能源公司和高科技企业的合作伙伴关系，共同发展绿色电动出行的上下游产业链，提升自身在电动车研发、生产和服务方面的综合实力。华晨宝马自 2017 年在中国建立动力电池中心起，至今累计生产动力电池超 10 万台。

另外，宝马持续推进全国销售和服务网络升级。2022 年，宝马携手经销商在城市中心试点“BMW i 体验店”，顺应中国消费者日益增长的新能源、新体验需求。

在宝马的中国战略中，2025 年是宝马战略转型的重要节点。届时，宝马集团将发布“新世代”车型，具备完全重新设计的 IT 和软件架构、全新一代高性能电力驱动系统和电池，以及贯穿整个车辆生命周期的全新可持续理念。在“新世代”车型的开发过程中，中国市场的特定需求仍将被置于首位。预计 2025 年，宝马集团在中国市场销量的四分之一将是纯电动车。

从文化层面来看，宝马于 2007 年发起了“BMW 中国文化之旅”，致力于中国传统文化的保护，并且自 2016 年开始，“BMW 中国文化之旅”进行战略升级，从慈善捐助性公益升级为“赋能型”企业社会责任，对传承人的支持从“授人以鱼”的捐助模式升级为“授人以渔”的赋能模式，积极助力构建非遗产业新生态。

对行业而言，宝马为“非遗走入现代生活”以及“推动中华优秀传统文化创造性转化及创新性发展”创造了一种可持续、可复制的范式；对社会而言，宝马引领了一种模式，为各地“非遗+旅游”做出引领性、创新性的贡献；对其自身而言，它完美诠释了“以赋能创造共享价值”的企业理念。

2021 年，“BMW 中国文化之旅”迈入 15 周年，彰显宝马致力于中国传统文化保护和贡献本土社区的长期承诺。2021 年“BMW 中国文化之旅”以探访云南六大主题文化为串联，不仅涉及多元民族文化中相融共生、天地人和的可持续生态文化，还涵盖了探寻传承千年的“风物匠心”。他们遴选了 5 位来自云南的非遗传承人，进入清华大学美术学院 BMW 非遗保护创新基地，在清华美院各位老师的帮助下，共同开发设计非遗文创产品。除此以外，宝马还联合马蜂窝推出《BMW 中国文化之旅云南非遗旅游攻略》，助力云南文化与旅游传播，进一步促进了当地的经济发展与地方文化传播。

案例 2：加入中国创新潮，推动数字化创新

宝马在中国的数字化创新涵盖研发、生产、车辆智能化和数字化服务等相关领域。宝马在中国建成了除德国之外最大的研发和数字化体系，拥有北京、上海、沈阳和南京四大创新研发基地。团队人数超过 1 650 人，包括约 600 名软件开发人员。

2021 年，宝马的创新布局拓展到南京。首先，宝马与诚迈科技合资成立了宝马诚迈信息技术有限公司，利用中国本土软件力量深耕车载软件开发；其次，宝马在南京设立领悦南京分公司，旨在为宝马在中国运营企业的生产和服务提供敏捷、高效的 IT 研发及技术解决服务。此外，宝马还积极探索与中国科技公司合作，目前已经和多家专注车机数字化内容的中国企业签约合作。宝马在中国的研发就是希望将本土客户的需求和愿望转化为

极具吸引力的产品，同时挖掘中国技术的潜力。

在生产领域，宝马的数字化工厂是“工业 4.0”科技应用的典范，大数据、人工智能等新一代生产技术被广泛应用，在全球率先实现 5G 网络全覆盖。

值得一提的是，关于创新，宝马所做的远远不止数字化。2021 年 5 月，宝马与阿里巴巴共同创立的“阿里云创新中心—宝马初创车库联合创新基地”在上海金桥经济技术开发区正式启动运营。

案例 3：坚持可持续发展，与中国“一路前行”

2020 年底，中国提出了 2030 年碳达峰、2060 年碳中和的双碳目标。宝马用行动对这一目标进行了支持。2021 年 6 月，宝马在北京举办了首届可持续发展峰会，与合作伙伴和供应商共同发起了“产业链绿色转型倡议”，提出“汽车全生命周期碳减排”的可持续发展理念，将碳减排范围拓展到全产业链，包括原材料采购、供应链、生产、使用乃至回收环节。宝马期望通过持续创新和绿色科技实现经济增长、社会繁荣和可持续发展的齐头并进。

可持续发展是宝马企业战略的基石，也是宝马与中国大环境协同发展的又一方向。为此，宝马联合高压电池的一级和二级供应商承诺，宝马第五代高压动力电池的生产 100%使用绿色能源、100%使用回收铝，以及至少 50%使用再利用的钴和镍。从 2021 年起，包括沈阳生产基地在内的宝马集团所有生产基地将实现可再生能源供电生产。事实上，自 2019 年起，华晨宝马已实现 100%可再生能源电力供电生产，并连续 4 年蝉联“国家绿色工厂”称号，还因为在供应链可持续管理方面的成就被联合国全球契约中国网络授予“2020 实现可持续发展目标企业最佳实践奖”，是 20 家获奖企业中唯一的汽车公司。

一直以来，宝马坚持以实际行动履行企业社会责任，此次的发展战略全面升级，再一次展现了宝马对于中国市场的诚意。宝马每个战略与决策都紧紧围绕中国社会的发展要点。展望 2025 年，伴随“新世代”的到来乃至更久的未来，宝马传递出的声音是自信，更是承诺，始终秉持“家在中国”，始终保持与中国经济和社会同频共进、协同发展、共创共赢。

分析：宝马是如何在中国进行“中国需求”和品牌的数字化创新的？

第二章 品牌资产

学习目标

知识目标： 掌握品牌资产的概念，理解品牌资产的构成要素。

能力目标： 培养品牌资产要素的辨识能力。

素质目标： 培养品牌资产的价值素养。

知识导图

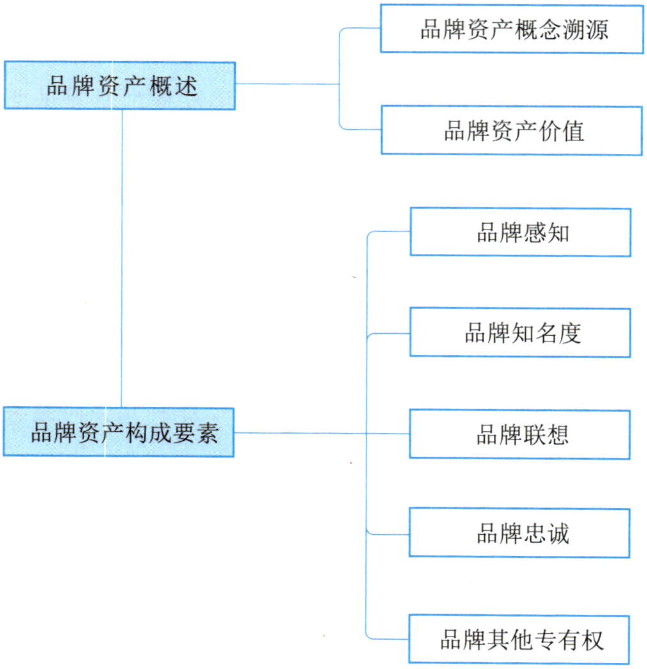

引导案例

百年经典品牌可口可乐总裁曾说：如果有一天大火把在世界各地的可口可乐公司及其产品都烧光了，我相信第二天大家会看到这样一条新闻：世界各大银行争先恐后向可口可乐公司提供贷款。

第一节 品牌资产概述

一、品牌资产概念溯源

品牌资产是 20 世纪 80 年代提出的市场营销学概念。品牌资产代表了一种产品或服务的附加值，这种附加值来源于以往对此品牌的营销投资。

（一）营销的变革

第二次世界大战改变了人们的步伐。由于战时需要，企业追求以标准化和规模化来扩大产量，节约成本。第二次世界大战结束后，企业追求统一规格的风格并没有改变。企业成功的关键仍然是通过大量生产而降低成本。

20 世纪 50 年代末，美国在享受了 10 多年的安乐生活之后，物质极其丰富。尤其是战后出生的一代开始渐渐步入消费者行列，市场显示出对个性化和差异化的追求。最初表现在日用消费品领域，消费者的消费偏好出现了差异，之后这种差异越来越大，波及了其他行业。追求统一规格与效率的企业情势急转直下。

营销革命的迅猛发展把“品牌”推到了国际化经济舞台的最前沿，未来的营销是品牌的战争。商界和投资者认清品牌才是公司最宝贵的资产。拥有市场比拥有工厂重要得多，唯一拥有市场的途径就是拥有具有市场优势的品牌。

（二）品牌资产概念的提出

20 世纪 80 年代后期，大规模接管、兼并和收购案频频发生，几起大的并购案中收购价格往往是被收购企业净资产的数倍。

各行各业的价格竞争压力要求企业更加重视建立强势品牌以取得竞争优势，同时还可以避免价格战对企业本身所造成的负面影响。

将“品牌”扩展为“品牌资产”是 20 世纪 90 年代西方营销理论的一个重要创新，这已成为跨国公司营销战略的新源泉，并推动品牌建设进入一个新阶段。美国品牌专家戴维·阿克在 1991 年出版了颇有影响力的著作《管理品牌资产》。该书指出品牌资产作为企业最有价值的资产，是一种无形资产。从消费者心理学角度出发，它反映了消费者根据自身需要对某一品牌的偏爱、态度和忠诚程度，特别是消费者赋予一个品牌超越其产品功能价值之外的形象价值部分，是消费者对企业产品或服务的主观认知和无形评估。因此，品牌资产需要品牌经营者不断去维系，这样才能赢得消费者的心，以实现增加其品牌资产价值的目标。

二、品牌资产价值

品牌资产价值是指由品牌资产所带来的价值，通常包括两个部分：一是品牌资产向顾客提供的价值；二是品牌资产向企业提供的价值。一般意义上所讲的品牌资产价值指的是后者。

（一）品牌资产向顾客提供的价值

品牌资产有助于消费者解释、处理并储存与产品和品牌相关的海量信息，这样就可以缩短顾客做出购买决策时所花的时间，同时也可以影响顾客在做出购买决策时的信心（基于过去的使用经验或者对品牌及其特性的熟识程度），进而影响消费者购买以及使用时的感受和满意度。当然，品牌资产虽然也可以向顾客提供价值，但是品牌资产的价值来源于消费者的品牌价值传递，品牌资产的价值以及价值的大小归根结底取决于消费者。

（二）品牌资产向企业提供的价值

品牌资产作为一种无形资产可以向企业提供价值，这一点已经被大家认可，至于提供了什么样的价值，如何提供价值，这些问题还值得探讨。根据戴维·阿克的观点：品牌资产至少可以通过 6 种途径增加企业的价值。

（1）品牌资产可以增加吸引新顾客或留住老顾客的营销计划的效果。如想通过促销活动让顾客尝试一种新产品，如果该品牌是顾客熟悉的品牌，或者企业无须打消顾客对品牌质量的疑虑时，促销的效果会更好。

（2）品牌资产的构成要素，如品牌知名度、品牌联想度等可以增强品牌忠诚度。品牌知名度、品牌联想度很高的品牌可以促使顾客购买产品，并影响顾客使用的满意度。即使在选择品牌时这些因素不起关键作用，它们也可以打消顾客的疑虑，减少顾客尝试其他品牌的动机。

（3）品牌资产往往能够使企业采用溢价定价法，并减少企业对促销的依赖程度，从而使其获得更高的利润。

（4）品牌资产为企业的品牌延伸提供了平台。如“小米”品牌迄今已经延伸出多种电子产品，并为企业开拓了商业空间。

（5）在分销渠道中，品牌资产能够起到杠杆作用。对于顾客而言，如果消费者能够识别该品牌名称，并且能够产生品牌联想，交易的不确定性将大大降低。在实施营销计划时，强有力的品牌不仅可以使产品在面市时获得优势，而且可以获得协同作用。

（6）品牌资产通常会为竞争对手设置进入壁垒，从而使企业获得竞争优势。如宝洁公司的洗发水品牌“海飞丝”适于去除头屑，对于既定的细分市场而言，这一品牌联想就占尽先机。其他品牌会发现很难在“去头屑”这一洗发水的细分市场上与“海飞丝”竞争。而品质认知度非常高的品牌，如本田汽车公司豪华车品牌阿库拉（Acura），则会使顾客感到其他品牌的质量很难望其项背（即使其他品牌真的做到这一点），从而形成竞争对手难以企及的竞争优势。

经典案例

完美日记的品牌价值提升

完美日记品牌创立于 2017 年，是一款新兴的年轻美妆品牌，其目标消费人群定位为新一代的中国年轻女性，所以其产品、包装、营销都与年轻一代的潮流文化紧密相连。完美日记将自己定义为快时尚彩妆品牌，从而确立了自身的品牌特性，如更新速度快、追随潮流紧、上新频率高、价格偏实惠等，这一巧妙的定位符合电子化读图时代的市场气息和消费特征，即更新节奏快、视觉呈现方式丰富、强调图像化的文学性、追求信息的瞬息传递。

完美日记品牌的价值提升主要表现在该品牌对品牌定位、产品设计开发、可视化视觉呈现、整体性商业识别系统、文化精神的挖掘和打造都做了大量深入的努力，积极围绕年轻女性的喜好做出相应的改变，并且在该行业起到了一定的示范效应。

尽管完美日记品牌并非尽善尽美，但其准确的市场定位和专注于消费者的态度造就了其产品上新速度快、更新频率高、符合潮流审美、价格亲民优惠的特性，这些特性都切合了大部分中国年轻女性的消费需求，也符合快时尚彩妆品牌的特色。所以完美日记品牌是朝着自身与消费者共赢的方向发展的，这是时尚产品值得学习的经验，也是其品牌价值不断提升的关键。

资料来源：马瑛，成乔明．完美日记品牌价值提升的设计管理策略研究［J］．设计，2021（09）.

第二节　品牌资产构成要素

一、品牌感知

品牌感知是指消费者认出、识别和记忆某品牌是某一产品类别的能力，从而在观念中建立起品牌与产品类别间的联系。

在戴维·阿克的品牌资产模型中，品牌感知也可称为感知质量，是品牌资产的组成部分。人们往往会对一个品牌代表的品质有一定的感知，好的或是坏的，高档的或是低档的。感知质量是指消费者对产品或服务的整体品质或优越性做出的判断，如有吸引力还是无吸引力，喜欢还是不喜欢。感知质量与产品本身的质量不同，它不能被客观地加以确定，这种感知并不一定与产品本身真正的品质相符。原因有两个：一是它是一种认识；二是不同的顾客有不同的偏好。感知质量与满意程度、态度也不同。一个顾客可能因为他对于产品性能要求不高而感到满意，一个顾客也可能对价格过高的高品质产品持有一种消极态度。感知质量在五个方面产生价值，它们分别是提供购买理由、有利于产品定位、产生溢价、增加合作中的筹码、提高品牌延伸力。

评价较高的感知质量无疑是有价值的品牌联想，对品牌知名度提升也有正向的积极作用。

二、品牌知名度

品牌知名度也可以称为品牌显著度，是消费者认出、识别和记忆某品牌是某一产品类别的能力，是品牌被公众知晓、了解的程度。品牌知名度包含一个连续的由浅入深的变化过程，从人们根本不知道某品牌，到认为该品牌是这一类产品的首要代表。

品牌知名度在品牌资产中的角色依赖于其知名度的层级表现，具体可由品牌知名度的金字塔来表示。在图 2－1 品牌金字塔中，最底下一层是“品牌无意识”，即对某品牌无任何了解，处于完全没有知名度的状态，越往上发展，越难实现。接下来四个层次分别为：

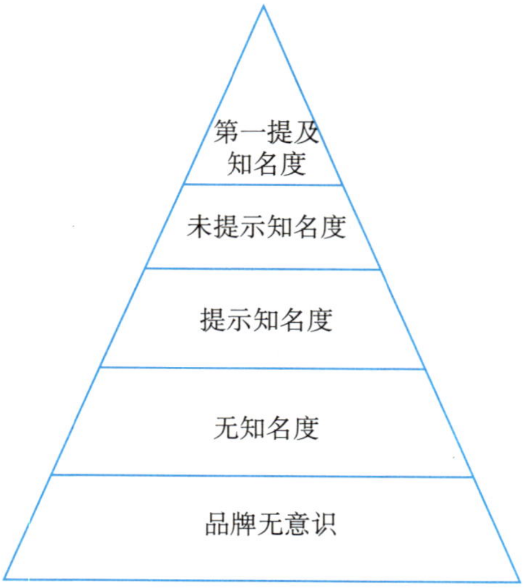

图 2－1　品牌金字塔

（1）无知名度：消费者对品牌没有任何印象。

（2）提示知名度：消费者经过提示或某种暗示后，可想起某品牌，能够说出自己曾经听说过的品牌名称。

（3）未提示知名度：消费者在不需要任何提示的情况下能够想起某品牌。

（4）第一提及知名度：消费者在没有任何提示的情况下所想到或说出的某类产品的第一个品牌。

经典案例

“怕上火喝王老吉”，开创凉茶蓝海

王老吉凉茶由广州医药集团有限公司下属广州王老吉药业股份有限公司出品，品牌创立于清道光八年（1828 年），是广州地区的老字号。作为岭南养生文化的一种具有独特符号的凉茶，王老吉在两广的大街小巷里沉淀一百多年后，2005 年突然飘红全国，一年销售额达 30 亿元。短短数年时间，王老吉销售额激增 400 倍。

王老吉这一沿用一百多年的品牌名称，具有悠久的历史和地道的本土文化特征，好念、好写、好记，很容易传播。“王老吉”，这个颇有返璞归真意味的品牌名称与凉茶的产品属性无疑是相当匹配的。以现代的营销观念审视“王老吉”的品牌名称，有以下几个优点：

第一，可以区隔竞争对手。王老吉因其品牌名称独特而与其他品牌形成鲜明的区隔，在消费者的记忆中抢先占位；不以凉茶两字作品牌名的后缀，在两广以外的市场推广中节省了“凉茶是什么”的传播成本，使一个区域品牌得到了全国市场。

第二，品牌名称以产品创始人的名字命名，并不遗余力地把创始人“王老吉”塑造成凉茶始祖。同时，凉茶是以中草药为原料的保健饮品，有“预防上火”和“降火”的作用，这种实实在在的功效是凉茶与其他饮料相比的核心优势。“上火”是中国人可以真实感知的一种亚健康状态，通过中医和现代媒体的传播，消费者对“上火”的认知相对清晰。王老吉的功效正好满足了这个未被切割的饮料市场，加上充裕的宣传推广费用，线上线下、高低结合的媒体投放策略，使王老吉的知名度不断提升，市场由南到北不断扩张，王老吉已成为“凉茶”的代名词，这种品牌印记的形成成为其他品牌难以跨越的壁垒。

第三，“王老吉”三个字无论拆开还是合在一起都非常吉祥，迎合了中国消费者的审美观和消费观。

三、品牌联想

品牌联想是指人们的记忆中与品牌相连的各种事物。一个品牌可以同一种事物相联系，也可以同许多种事物相联系。与品牌相联系的各种事物，都可能引发消费者对品牌产生一定的想象，从而加深品牌在消费者心中的印象。品牌联想可以分为以下几类。

（一）正联想与负联想

1. 正联想

品牌联想是正面的，即把品牌与美好的事物联系在一起。如“英雄”墨水这个品牌，会让人联想到英雄。

2. 负联想

品牌联想是负面的，即把品牌与负面的事物联系在一起。如香水品牌“毒药”，意为致命的诱惑。

一个品牌的正面联想越多，其对市场的影响力就越大。一些著名品牌往往在消费者心目中有很多联想和想象，通过品牌联想和其目标消费者形成一系列有益的关联。这种联想和想象通过一些有意义的方式组织而成。例如：经研究，麦当劳品牌有 20 个主要的联想和 30 个次要的联想。这些联想被组成有意义的组群，如孩子集合、服务集合和食物集合等，从而有利于品牌形象的形成。一提到麦当劳，消费者尤其是孩子们的心中就会出现金拱门、麦当劳大叔、牛肉汉堡、炸薯条、麦香鸡等形象，还有麦当劳玩具、麦当劳娱乐场、麦当劳竞赛、麦当劳生日聚会等。品牌的根本价值常在于其联想的集合对人们的意义。

（二）自然联想与创新联想

1. 自然联想

自然而然成长起来的品牌联想被称为自然联想。任何品牌牛奶的联想都会让人想起奶牛，这就是自然联想。

如果是具有建设性意义的正面联想，自然联想对品牌维护过程就具有很高的价值；如果是负面联想，公司的产品和服务就应该立即阻止这种自然联想。

2. 创新联想

创新联想就是经过品牌小组选择，用来代表品牌的联想。公司通常要花很大一部分精力从最初的品牌经营过程中解脱出来，从而创造出新的品牌联想。

经典案例

最安全的汽车

Volvo 在拉丁文里是“滚滚向前”的意思。始创于 1924 年的 Volvo 汽车公司是北欧最大的汽车企业，也是瑞典最大的工业企业集团之一，其创始人是古斯塔夫·拉尔森和阿瑟·格布尔森，Volvo 公司总部设在瑞典的歌德堡。

每一年，Volvo 公司都要投入大量的费用进行安全方面的产品研究和开发，并不断地对已有的成就进行批判。这种自省的精神使 Volvo 在汽车安全产品的研制方面一直走在世界前列，为汽车工业贡献了许多创新发明，如 20 世纪 40 年代的安全车厢，60 年代的三点式安全带，以及 90 年代的防侧撞保护系统等。Volvo 还专门设立了自己的交通事故研究部。

Volvo 的核心品牌联想内涵——“安全第一”深入人心。人们每次看到 Volvo 就会想到安全。2010 年，吉利公司以 18 亿美元收购 Volvo 100%股权。

四、品牌忠诚

我们通过观察了解到，凡是著名品牌都与消费者保持了一种特殊的关系，即消费者对品牌和企业的信任乃至忠诚关系。正是这种关系使得品牌保持了较高的市场占有率和大量的长期顾客，从而获得了丰厚的收入。顾客对品牌的忠诚是品牌资产的核心。如果顾客对品牌漠不关心，主要根据产品的性能、价格以及便利程度进行购买，那么品牌资产的价值就很低。相反，哪怕竞争对手提供了性能更优越、价格更便宜、更为便利的产品，顾客也会仍然坚持购买该品牌，那么该品牌的价值就非常高。

（一）品牌忠诚的含义

品牌忠诚是指消费者在一段时间甚至很长时间内重复选择某一品牌并形成重复购买的倾向。

品牌忠诚是营销活动的中心，是衡量顾客对品牌依赖程度的标准，会直接转换为未来的销售额。品牌忠诚度用于反映顾客转向其他品牌的可能性，尤其是当品牌在价格或产品性能等方面发生变化时，顾客转向其他品牌的可能性。品牌忠诚度越高，竞争活动对顾客的攻击力就越弱。

（二）品牌忠诚的类型

（1）认知性忠诚：是由品牌相关信息直接形成的，认为该品牌优于其他品牌而形成的忠诚，容易“跳槽”。

（2）情感性忠诚：在使用某种品牌并获得持续满意后，形成的对该品牌的偏爱和情感。

（3）意向性忠诚。顾客十分向往再次购买某个品牌，不时有重复购买的冲动，但是这种愿望还没有转化为行动。

（4）行为忠诚。顾客将忠诚的意向转化为实际行动，甚至愿意克服障碍实现购买。

（三）品牌忠诚度的测量

（1）按购买比例来测量。

（2）按重复购买次数来测量。

（3）按做出购买决策需要的时间来测量。

（4）按顾客对价格的敏感度来测量。

（5）按顾客对竞争产品的态度来测量。

（6）按顾客对产品的质量承受能力来测量。

（四）品牌忠诚的价值

1. 降低营销成本，增加利润

忠诚、价值、利润之间存在直接对应的因果关系。营销学中著名的“二八原则”，即80%的业绩来自20%经常惠顾的顾客。对企业来说，寻找新顾客的重要性不言而喻，但维持一个老顾客的成本仅仅为开发一个新顾客的七分之一。在微利时代，忠诚营销愈见其价值。一个企业的目的是创造价值，而不仅仅是赚取利润。为顾客创造价值是每个成功企业的立业基础。企业创造优异的价值有利于培养顾客忠诚；反过来，顾客忠诚又会转变为企业利润和更多的价值。企业创造价值和顾客忠诚一起构成了企业立于不败之地的真正内涵。

2. 易于吸引新顾客

品牌忠诚度高代表着每个顾客都可以成为一个活广告，自然会吸引新顾客。根据口碑营销效应：一个满意的顾客会引发 8 笔潜在的生意；一个不满意的顾客会影响 25 个人的购买意愿。因此，一个满意的、愿意与企业建立长期稳定关系的顾客会为企业带来相当可观的利润。品牌忠诚度高代表着消费者对这一品牌很满意。

3. 提高销售渠道拓展力

拥有高忠诚度的品牌企业在与销售渠道成员谈判时处于相对主动的地位。高品牌忠诚度的产品在拓展通路时更顺畅，容易获得更为优惠的贸易条款，比如先打款后发货以及最佳的陈列位置等。

4. 面对竞争有较大弹性

营销时代的市场竞争正越来越体现为品牌的竞争。当面对同样的竞争时，品牌忠诚度高的品牌，因为消费者改变的速度慢，所以可以有更多的时间研发新产品，完善传播策略，应对竞争者的进攻。

（五）如何建立与强化品牌忠诚

1. 正确对待顾客，人性化地满足顾客的需求

顾客忠诚度的基础是产品或服务能够提供给顾客所预期的功能。顾客要更换品牌是需要理由的，通常留住顾客的关键技术非常简单，那就是不赶走顾客。企业一切活动都要围

绕顾客展开，为满足顾客需求服务，让顾客在购买使用产品与享受服务的过程中，有难以忘怀、愉悦、舒心的感受。因此，品牌在营销过程中必须摆正短期利益与长远利益的关系，必须忠实地履行自己的义务和所应尽的社会责任，以实际行动和诚信形象赢得顾客的信任和支持。这是品牌运营的市场规则，也是普遍的经营规律，更是提高品牌忠诚度最好的途径。

2. 接近顾客

以顾客为导向的、文化氛围浓郁的企业会采取各种措施接近顾客。例如：即使是 IBM 的最高层管理者都有责任同顾客联系。迪士尼乐园的管理人员每年必须有两周时间待在迪士尼乐园中。企业可以通过小组座谈会的形式了解顾客所思所想，倾听顾客的声音。仅仅通过加强与顾客的联系就有助于向顾客传递企业重视顾客的信号。

3. 不断创新产品

产品的质量是顾客对品牌忠诚的基础。世界上众多名牌产品的历史告诉我们，消费者对品牌的忠诚，在一定意义上也可以说是对其产品质量的忠诚。只有过硬的高质量的产品，才能真正在人们的心目中树立起“金字招牌”，受消费者喜爱。企业要不时推出新改良配方，让其产品有新的兴奋点，让人感觉到企业一直在努力为消费者提高产品品质。

4. 测量、管理顾客满意度

顾客满意或不满意的常规调查非常有助于企业了解顾客的感受，并及时调整产品与服务。此类调查必须及时、全面，以便企业能够认识到顾客综合满意度发生变化的原因。要使顾客满意度测量发挥作用就必须将其与企业的日常管理结合起来。例如：万豪酒店根据每周对顾客满意度的调查结果确定企业现在存在的问题并采取相应的措施。大堂经理应该特别关注对等候时间、入住以及结账后离开等问题的调查。

要确保满意度调查发挥作用，方法之一是将其作为薪酬体系的一部分。例如：达美乐比萨每周通过电话方式调查顾客对意大利香辣肠的新鲜度以及外卖人员的态度等方面的意见，之后根据调查结果采取措施，每月根据调查结果发放奖金。这种方式促使员工重视满意度测量，从而影响企业的运行。

5. 创建转换成本

创建转换成本的方法之一是解决顾客遇到的问题，方法之二是直接回报忠诚的客户。航空公司的飞行常客俱乐部就是回报顾客、留住顾客的方式。

6. 提供物超所值的附加服务

通过向顾客提供些许意想不到的附加服务，就能轻易改变顾客的行为——使他们从不温不火到狂热。枕头里放些薄荷、对程序加以说明都能给顾客留下好印象。产品的好坏要由顾客的满意程度来评判，真正做到以消费者为中心，不仅要注意核心产品和有形产品，还要提供更多的附加产品。

例如：海尔的维修人员不仅能准时修好冰箱、空调，其温暖人心的礼貌问候、自带饮料不喝用户一口水、套塑料鞋套避免用户家里地板污损等行为也大大提高了顾客对品牌的评价与认同度。在产品同质化的时代，谁能为顾客提供物超所值的额外利益，谁就能最终赢得顾客。

7. 有效沟通

企业通过与消费者的有效沟通来维持和提高品牌忠诚度，如建立顾客资料库，选择合适的顾客，将顾客进行分类，选择有保留价值的顾客，制订忠诚客户计划；了解顾客的需求并有效满足顾客所需；与顾客建立长期而稳定的互需、互助的关联关系；发布广告，以提升消费者对品牌的熟悉感、信赖感，使消费者产生对品牌的挚爱与忠诚。

8. 向老顾客销售，而不是向新顾客销售

企业最常犯的错误可能是主要靠吸引新顾客促使业务增长。他们往往采用带有进攻性的营销计划，但这样做往往很难吸引新顾客，他们很少有理由考虑转向其他品牌。此外，与新顾客接触的成本高昂——毕竟他们并不是通过经常看广告或者与销售人员接触等方式选择本品牌的。与此相反，留住现有顾客的收益往往比较明显，这在一定程度上是因为留住现有顾客的成本较低。如果能够降低现有顾客倒戈到竞争对手处的可能性，企业的增长就能自然实现。即使在没有过分采取措施吸引新顾客的情况下也可获得新顾客，这是部分新顾客受现有顾客的影响所致。

企业需要做的是减少不满意顾客流失的动机，增加满意顾客的转换成本。企业应通过与流失的顾客接触，分析其生气以及促使其转换品牌的问题所在，进而分析如何避免出现这种情况。按照系统程序同流失的顾客面谈能够帮助企业发现问题所在。例如：银行管理人员常常只知道上个月新开了多少个账户，可能知道新顾客选择该银行的原因，但对现有顾客为何不满意以及离开的原因知之甚少，甚至毫不知情。强有力的挽留顾客计划不仅去除了顾客不满之源，而且可以通过回报顾客降低转换成本。

五、品牌其他专有权

品牌资产

品牌的其他专有权是指品牌的专利、商标、渠道关系等。

专利，是品牌在技术创新领域的坚固壁垒。每一项专利都是品牌研发团队智慧与汗水的结晶，赋予品牌在特定技术或产品特性上的独占实施权。这些专利不仅能防止竞争对手抄袭技术，还能帮助品牌以独特的产品特性开拓市场。例如：苹果公司的众多专利，助力其产品在全球市场独占鳌头。

商标，是品牌的视觉与文字标识，是消费者识别品牌的第一印象。从简洁的图形到朗朗上口的名称，商标经注册后，便成为品牌受法律保护的专属标志，凝聚着品牌声誉与形象，让品牌在市场中脱颖而出。例如：可口可乐的商标便是其品牌资产的核心，在全球范

围内拥有极高的辨识度。

渠道关系，是品牌通向市场的桥梁。稳固的渠道关系意味着品牌能够精准触达目标客户。无论是与大型零售商建立的长期合作，还是通过电商平台拓展的线上销售网络，良好的渠道关系能确保品牌产品高效流通，提升市场占有率。例如：小米公司通过线上线下结合的多元化渠道，让产品迅速走进千家万户。

专利、商标、渠道关系共同构成品牌其他专有权的坚实体系，为品牌的持续发展与市场竞争提供有力支撑。

本章小结

品牌资产代表了一种产品或服务的附加值，这种附加值来源于以往对此品牌的营销投资。品牌资产是公司最有价值的资产，也是一种无形资产。戴维·阿克创造性地构建了品牌资产的 5 大元素：品牌感知、品牌知名度、品牌联想、品牌忠诚、品牌其他专有权。顾客对品牌的忠诚度是品牌资产的核心。品牌忠诚是衡量顾客对品牌依赖程度的标准，会直接转换为未来的销售额，品牌忠诚度的价值有助于理解品牌忠诚度对品牌资产的影响。

本章测试

一、名词解释

品牌资产　　品牌联想　　品牌知名度　　品牌忠诚

二、判断题

1. 品牌知名度越高越好。（　　）
2. 品牌联想总是越多越好。（　　）
3. 品牌忠诚度和品牌转换成本成正比。（　　）
4. 态度忠诚是品牌忠诚的最高层次。（　　）

三、选择题

1. 品牌知名度中，（　　）是最受推崇的。（单选题）

A. 提示知名度　　B. 无知名度
C. 第一提及知名度　　D. 未提示知名度

2. 把品牌与美好的事物联系在一起，是（　　）。（单选题）

A. 负联想　　B. 正联想　　C. 自然联想　　D. 创新联想

3. 以下哪些状态属于品牌忠诚？（　　）（多选题）

A. 认知性忠诚　　B. 情感性忠诚　　C. 意向性忠诚　　D. 行为忠诚

4. 品牌美誉度的计算方法是（　　）。(单选题)

A. 知晓该品牌的人数/调查总人数

B. 喜欢该品牌的人数/调查总人数

C. 喜欢该品牌的人数/知晓总人数

D. 知晓该品牌的人数/知晓总人数

5. 提出品牌资产概念的专家是（　　）。(单选题)

A. 菲利普　　B. 大卫·奥格威　　C. 戴维·阿克　　D. 莱瑞·拉特

四、简答题

1. 品牌认知如何影响消费者的购买决策？

2. 如果你在销售一种面向学生群体的美妆产品，品牌获得认知的途径有哪些？品牌有何种联想有待开发？

3. 品牌联想和品牌形象的关系是什么？

4. 品牌联想对品牌个性的形成有什么作用？

五、论述题

1. 品牌忠诚度的价值是什么？如何提升顾客的品牌忠诚度？

2. 如何提升品牌美誉度？

六、案例分析题

光明乳业《典籍里的中国》综艺栏目传播

案例名称：光明乳业《典籍里的中国》综艺栏目传播

企业名称：光明乳业股份有限公司

品牌名称：光明乳业

[项目概述]

近年来，国风国漫类IP大热，文化类综艺持续火爆，中华优秀传统文化逐渐成为舆情中心，收获大量年轻群体。光明乳业借此时代机遇，独家冠名大型文化节目《典籍里的中国》，依托典籍的文化IP，在声势浩大的传播浪潮中弘扬传统文化，树立品牌价值，并实现传播效益，让历史文化“鲜活”起来，持续放大光明鲜活价值观，应对竞品冲击，并进一步洞察年轻消费者进行品牌突围，最终完成破圈化、差异化、年轻化的品牌目标。

[项目策划]

1. 核心目标

鲜活价值破圈化、文化营销差异化、品牌传播年轻化。

2. 目标公众

中国传统典籍文化爱好者，光明乳业消费者，广大爱好中华优秀传统文化的年轻消费者。

3. 主要信息

品牌主张：乐在新鲜

传播主旨：让传统文化“鲜活”起来，让传统文化与时下生活实现强共鸣

传播口号：每天鲜活多一点

［项目执行］

1. 开播期

2021 年春节，光明乳业精准洞察典籍文化的内涵，将典籍中的大好河山、故乡家园，用技术的方式线上神还原，创新打造春节返乡新方式——“游典籍，云返乡”，让大众领略了典籍中的名山大川。光明乳业借此在春节期间登上微博热搜，话题阅读量高达 1.1 亿多，引爆春节社交舆论场，成功完成典籍文化与光明品牌价值的破圈传播。

2. 热播期

完成五轮重点传播。

(1)《天工开物》。

光明为《天工开物》的科技发明注入时代内涵，用二次元画风重现了原著中灿若星河的“黑科技”发明，让传统文化鲜活起来，在全网平台获得了大量消费者的好评热议。

(2)《史记》。

《史记》作为纪传体史书，记录着中国历史上的英雄人物，光明结合当下热点，创新性炒作“典籍英雄天团”出道事件，鲜活呈现每一位历史英雄的真实故事，以年轻化语境传达《史记》的历史韵味，传递光明鲜活品牌价值。

(3)《论语》。

《论语》金句流传千年，对今天的生活仍然有深远的影响。为了传达品牌价值观，光明再一次用全新的方式与消费者沟通，以文字配合形象化动效传达《论语》金句内核，用鲜活的形式赋予《论语》全新的意义，让经典传承，让文化焕新。同时根据话题与光明主力产品健能梦幻联动，打造《论语》IP 爆款产品，迎来品牌声量与产品销量的双丰收。

(4)《孙子兵法》。

光明将典籍款优加爆品，巧妙融入《孙子兵法》的动人历史故事当中，为典籍书中记载的真实故事赋予全新的意义，叠加有趣生动的情节，让广大观众更能感受到中华优秀传统文化的魅力。

(5)《楚辞》。

2021 年是中国的航天年，“天问一号”带着中国人的智慧与探索精神向火星出发。《天问》选自爱国主义诗人屈原的经典著作《楚辞》，光明以此为核心，将古典文艺作品中古人的探索精神，与航天航空的时代探索精神进行了共鸣，完成了一轮“爱国、自信、智慧、探索”的爱国主义传播。

3. 打造典籍爆品传播

光明乳业以鲜活为核心，以典籍文化为主旨，与多款光明重点产品线进行合作联动，

打造丰富多彩的典籍文化包装，并在一波又一波传播事件中完成出圈营销，在典籍文化的浪潮之下做到爆款内容和爆款产品的品效合一。

经过一轮传统文化的营销传播，光明成功塑造了一个有文化、懂二次元、会炒话题、能造爆品的全新形象，收获了更广泛的年轻受众。

分析：

1. 光明乳业这一轮的文化营销对品牌个性的形成起到什么积极作用？

2. 光明乳业是如何通过中国传统典籍文化提升品牌形象，增强消费者的品牌认同感并实现从传播到销售的转化的？

3. 光明乳业通过《典籍里的中国》综艺栏目传播、提升和维护了哪些品牌资产？

第三章　品牌形象构建

学习目标

知识目标：理解品牌形象的定义以及品牌形象的构成、作用和价值。

能力目标：掌握品牌形象的分析能力和构建方法。

素质目标：提升品牌形象建设的素养。

知识导图

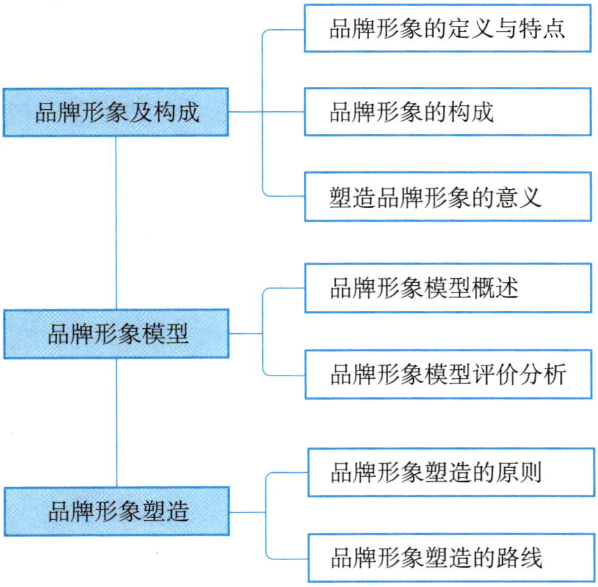

引导案例

1963 年，在俄勒冈大学毕业的菲尔·奈特与他的教练鲍尔曼各出资 500 美元，成立了运动鞋公司，取名为蓝带体育用品公司，主营体育用品。这家公司就是耐克公司的前身。在 Nike 品牌进入运动品牌市场之初（20 世纪 70—80 年代），他们的日子并不好过。市场上有“老大哥”Adidas 坐镇，NBA 由 Converse 全包，另有 Puma、New Balance、Reebok 伺机而动。1972 年，耐克公司正式成立。2001 年，耐克公司在研制出气垫技术后又推出了一种名为 Shox 的新型缓震技术。采用这种技术生产出来的运动鞋深受欢迎，销量节节攀升。1985 年，耐克聘请迈克尔·乔丹为其代言人，这使得耐克名声大噪，仅以乔丹命名的运动鞋就为公司赢得了 25 亿美元的利润。耐克颠覆性地修改了体育营销的法则，明星代言已经成为体育营销的经典模式。

耐克品牌属性：中高端体育品牌、时尚独特的气垫技术，材料高档，款式多样独特；舒适、轻便、耐穿、不笨重；安全性高、排汗性好、轻柔、缓震能力强。

耐克价值：耐克一直将激励全世界的每一位运动员并为其献上最好的产品视为光荣的任务，始终在研究消费者的需求并制造出最适合消费者的鞋子和最好的鞋子。耐克致力于为每个人创造展示自我的机会。在长期的不懈努力中，耐克形成了自己的品牌文化——永不止步。耐克已经是一种被物化了的体育精神或征服自然和超越自我的象征。1988 年，耐克推出了视频“JUST DO IT”，并开启了“JUST DO IT”营销战役。“JUST DO IT”后来被美国《广告时代》杂志评为“20 世纪最佳广告语之一”，被耐克一直沿用至今。1995 年，耐克推出电视及平面广告计划，名为“If you let me play”，旨在鼓励年轻女性参与运动。2019 年，耐克推出最新女权平等广告——《为梦想发疯的人》。

第一节 品牌形象及构成

一、品牌形象的定义与特点

（一）品牌形象的定义

“品牌形象”一词早在 20 世纪 50 年代就已提出，但是到目前为止还没有明确关于品牌形象的稳定、权威的概念。目前，最具代表性的品牌形象的定义有如下几种。

菲利普·科特勒认为，消费者对某一品牌的信念就是消费者心中的品牌形象。对消费者而言，品牌不仅仅用以区别商品，它还是一种象征，超出了文字本身的意义。对生产者而言，品牌也不仅仅是区别工具，更是在技术和功能的支持下建立起来的商品和消费者之间的关系：消费者对商品的知晓、喜爱甚至尊重，即品牌形象。

20 世纪 60 年代中期，大卫·奥格威提出品牌形象论。大卫·奥格威认为“品牌形象是社会公众及消费者在长期了解品牌的基础上形成的对品牌的评价，存在于社会公众及消费者的头脑”中。他认为品牌形象不是产品固有的，而是消费者联系产品的质量、价格、历史等产生出来的，此观念认为每一则广告都应是对构成整个品牌的长期投资。因此每一品牌、每一产品都应发展和投射一个形象。形象经由各种不同推广技术、特别是广告传达给顾客及潜在顾客。顾客购买的不只是产品，还购买承诺的物质和心理的利益。

大卫·奥格威品牌形象论的基本要点是：

（1）为塑造品牌服务是广告最主要的目标，广告就是要力图使品牌维持一个高知名度的品牌形象。

（2）任何一个广告都是对品牌的长期投资，广告应该尽力去维护一个好的品牌形象，而不惜牺牲追求短期效益的诉求重点。

（3）随着同类产品的差异性缩小，品牌之间的同质性增大，消费者选择品牌时所运用的理性就减少，因此描绘品牌的形象要比强调产品的具体功能特性重要得多。

（4）消费者购买产品时追求的是“实质利益＋心理利益”，对某些消费群体来说，广告尤其应该重视运用形象来满足其心理的需求。

凯文·莱恩·凯勒认为，品牌形象和联想性网络记忆模型一致，可以被定义为“消费者记忆中的品牌联想所反映的一个品牌的直觉”。而品牌联想是与记忆中品牌节点相关的另一信息节点，它的强度、赞誉度和独特性对构成品牌资产的差别化反应起着决定性的作用。

在品牌知识联想网络记忆模型的基础上，亚历山大·L. 贝尔把品牌形象定义为“消费者记忆中与某个品牌相联系的属性集合和相关联想，是消费者对品牌的主观反应”。亚历山大·L. 贝尔的定义表明了品牌形象是品牌构成要素在人们心目中的综合反映（如品牌名称、产品属性、品牌标志等给人们留下的印象）以及人们对品牌的主观评价。

尽管学者们从不同角度对品牌形象进行了界定，但他们对品牌内涵的看法基本是一致的。综合各家学派的观点，本书将品牌形象定义为：品牌形象是消费者对品牌的主观感知，是消费者对传播过程中所接收到的所有关于该品牌的信息进行个人选择和加工之后留存于头脑中的关于该品牌的印象和联想的总和，是人们心目中对品牌构成要素的综合反应及评价。

（二）品牌形象的特点

品牌形象主要有多维组合性、复杂多样性、相对稳定性以及情境性等特点。

1. 多维组合性

多维组合性即指品牌形象是由多种特性构成的，并受多种因素的影响。对于品牌形象的构成，有的学者偏重于物理特性，有的学者则认为品牌形象完全由产品之外的因素构成。菲利普·科特勒认为，从消费者的角度来看，品牌具有六层含义：属性、利益、价值、文化、个性、使用者。当品牌作为客体和其他信息一起传递给消费者时，品牌的六层含义就构成了消费者心目中品牌形象的具体方面。很多品牌形象模型都以这六层含义为基础。

2. 复杂多样性

复杂多样性即指由于企业及其产品市场覆盖率的差别，企业信息与产品信息传播效果的差异，以及消费者的特点不同等，消费者对企业和产品的认知、理解以及使用情况不一样，从而使品牌形象在不同时间、不同地点呈现多样性的特征。

3. 相对稳定性

相对稳定性即指品牌形象在一段时期内会保持稳定，不容易改变。企业拥有符合消费者愿望的企业理念、良好的产品品质、优质的服务等企业形象往往能保持良好状态。同样，被差评的企业形象要转变为好的形象那也是非常困难的，需要长期的努力。

4. 情境性

由于人的心理所具有的流动性与复杂性等特征，人在周围环境与事实的影响下会出现相应的心理变化，导致品牌形象随之发生变化。从统计学的角度来理解，个别消费者的心理发生变化，品牌形象可能会出现轻微的波动，品牌形象保持总体上的稳定；而消费者普遍的心理波动可能会导致品牌形象的重大变化。

二、品牌形象的构成

品牌形象的构成主要包括三个方面：品牌形象的内涵、品牌形象的载体和品牌形象的外在表现形式。

（一）品牌形象的内涵

品牌形象的内涵代表了品牌的独特魅力，它深深扎根于企业品牌使命、目标之中，有了内涵，品牌形象才富有底蕴，才能够被消费者认知和接受。品牌形象的内涵是对品牌定位、品牌个性、品牌文化的综合概述。

1. 品牌定位

品牌定位是指为产品、服务或企业建立一个与目标市场相关的独特品牌形象，使消费者以此来区别其他品牌，从而在消费者心目中留下深刻的印象。例如：在汽车市场，沃尔沃品牌产品定位于“安全与耐用”，奔驰品牌产品定位于“高贵、王者、显赫、至尊”。品牌定位是品牌形象的一个方向标，只有把握了产品或服务的品牌定位，品牌形象的设计与传播才有方向性。

2. 品牌个性

20 世纪 50 年代，美国 GREY 广告公司提出了“品牌性格哲学”，日本小林太三郎教授提出了“企业性格论”，从而形成了广告创意策略中的另一种后起的、充满生命力的新策略流派——品牌个性论。品牌个性就像人的个性一样，它是通过品牌传播赋予品牌的一种心理特征，是品牌形象的内核，是特定品牌使用者个性的类化，是其关系利益人心中的情感附加值和特定的生活价值观。

3. 品牌文化

品牌文化是品牌在经营中逐步形成的文化积淀，代表了企业和消费者的利益认知、情感归属，是品牌与传统文化以及企业个性形象的总和。品牌文化的核心是文化内涵，具体而言是其蕴含的深刻的价值内涵和情感内涵，也就是品牌所凝练的价值观念、生活态度、审美情趣、个性修养、时尚品位、情感诉求等精神象征。品牌文化的塑造通过创造产品的物质效用与品牌精神高度统一的完美境界，能超越时空的限制带给消费者更多高层次的满足、心灵的慰藉和精神的寄托，在消费者心灵深处形成潜在的文化认同和情感眷恋。品牌就像一面高高飘扬的旗帜，品牌文化代表着一种价值观、一种品位、一种格调、一种时尚、一种生活方式，它的独特魅力就在于它不仅提供给顾客某种效用，而且帮助顾客去寻找心灵的归属。

（二）品牌形象的载体

显示企业的品牌形象需要一定的承载物，这种承载物主要包含产品或服务、企业形象、员工形象等。

1. 产品或服务

消费者往往通过接触品牌所涵盖的产品或服务来对品牌形象进行认知和评价。产品是品牌的实物载体，消费者会产生很多与产品特性及属性相关的联想，从而构成品牌形象的重要内容。当产品的某些属性特别突出时，那么在消费者心目中可能会形成高品质的印象，而这往往是企业品牌形象塑造努力诉求的焦点。产品的品质和服务质量是品牌形象的载体，产品如果没有品质保障，再完美的品牌形象也经不起考验。

2. 企业形象

品牌形象另一个重要的载体是企业形象，良好的企业形象为品牌形象塑造提供基础。企业形象可以分为企业理念形象、企业行为形象和企业视觉形象。其中，企业理念形象是由企业宗旨、企业精神、企业目标、企业道德、企业作风等精神因素构成的；企业行为形象是由企业在生产经营活动和对外关系活动中所表现出来的员工素质、企业制度、行为规范等因素构成的；企业视觉形象是由企业的基本标识、产品外观包装、厂容厂貌等因素构成的。消费者对企业形象的印象会影响其对所属品牌形象的认知与评价。如果企业经常承担社会责任、关心弱势群体和保护环境等，消费者也会对该企业所涵盖的产品或服务的品牌形象拥有美好的印象。

3. 员工形象

企业中跟消费者直接或间接接触的各类人员包括销售人员、维修人员和服务人员等，他们的形象对消费者认知该企业品牌形象有一定的影响，消费者通过与这些员工的接触来认识、理解并诠释企业的品牌形象。例如：东方航空公司为旅客提供高品质服务工作的空姐们树立了美好的形象，在一定程度上反映了东方航空公司的品牌形象。顾客是通过对和他们面对面、实实在在接触的空姐形象来认知陌生、抽象的航空公司的形象的。

（三）品牌形象的外在表现形式

品牌形象的外在表现形式是品牌形象传播的基本内容，也是消费者接触品牌的开始。品牌形象在传播过程中，与消费者亲密接触的是品牌形象的外在表现形式。品牌形象的外在表现形式主要包括品牌名称、品牌标志、品牌标识语、品牌标准色和品牌包装。设计优秀的品牌形象符号，对于消费者认知品牌形象有很重要的作用。

1. 品牌名称

品牌名称在品牌的外在形象中处于战略地位，品牌名称不仅是产品的一种自然属性，更是一种社会属性和人文属性。品牌名称既能够体现品牌的个性和特色，也能够在一定程度上反映品牌的形象。例如：“可口可乐”这四个字可以让消费者不由自主地联想到这种饮料带来的可口的生理感受和可乐的心理感受，这与可口可乐公司一贯宣传的“欢乐、尽情”的品牌形象相对应。

经典案例

埃克森迄今最昂贵的改名

美国埃克森石油公司创建于1881年，公司总部设在纽约。1991年，其销售额为1 031.42亿美元，利润额为56亿美元，公司有雇员10万余人。埃克森石油公司前身叫新泽西石油公司，即美孚石油公司，该公司的标志是一只猛虎，它凶猛强健，奔跑如飞，体现出石油公司旺盛的竞争力和不服输的毅力。新泽西石油公司一是因为“New Jersey”拼写复杂，意蕴狭窄，二是为了其在美国及其他各国名称和标志的统一，决心改换一个比较适合的名称。于是，该公司挑选各地命名顾问设计新名称，委托美国斯坦福研究所为自己起名。他们动员了心理学、语言学、社会学、统计学等各方面顾问，调查了55个国家的语言，走访了7 000多人，并对一般群众的心理、感情等进行调查研究，查阅了15 000多个电话指南，通过计算机制作了约1万个名称，经过淘汰后剩下8个；这8个名再用100种以上语言进行搜索，确保在100种语言中找不到与之雷同的词，并且蕴意无恶感。更名花费了10亿美元，包括变更名称费、起名设计费、新名称广告宣传费，其中付给斯坦福研究所200万美元起名费。埃克森（Exxon）这个名字是完全创造性的品牌名字，容易记忆，内含叠字，便于拼读。实践证明，改名对埃克森来说是有帮助的。

2. 品牌标志

品牌标志是指品牌中可以被认出、易于记忆但不能用言语称谓的部分，包括符号、图案或明显的色彩或字体，又称“品标”。品牌标志作为一种视觉象征性符号，是视觉识别的重要元素，是消费者感知品牌形象最直接、最具视觉性的内容。品牌标志是经过精心设计的图案造型与色彩相结合的具体形象，它把产品特征以及品牌理念等要素以融合化的符号形式传递给消费者。成功的品牌标志因其简洁、有力地传递信息，强烈的视觉冲击力和鲜明色调的运用而牢牢吸引住消费者的眼球，比如宝洁的“P&G”，麦当劳的“M”和联合利华的“U”字形标识。

3. 品牌标识语

品牌名称和品牌标志是品牌最重要的外在表现形式，但是品牌标识语对于反映品牌形象也有很重要的作用。例如：IBM的品牌标识语为“四海一家的解决之道”；丰田汽车的品牌标识语为“车到山前必有路，有路必有丰田车”；雀巢咖啡的品牌标识语为“味道好极了”。这些都为其塑造良好品牌形象起到了很大作用。

4. 品牌标准色

品牌标准色是表现品牌形象的一个很重要的元素。品牌色彩如果运用得当，就能激起消费者精神上的愉悦，促进消费者对其品牌形象的认可。品牌标准色通常与品牌标志和品牌包装结合使用，是表现品牌形象的重要元素。比如可口可乐公司旗下的主要饮料品牌，其包装颜色各不相同：可口可乐的包装为红底白字，给消费者以强烈的视觉冲击力；雪碧的标准色突出的是绿色，给消费者一种“晶晶亮、透心凉”的感觉；芬达包装的底色为橘黄色，名称为蓝色，表现出果汁型饮料的特征。这些品牌标准色的恰当运用，为可口可乐公司旗下产品的品牌形象塑造发挥了重要的作用。

5. 品牌包装

品牌包装是品牌外在形象所有元素的综合表现。品牌包装与产品包装是两个不同的概念，产品包装指承载产品或服务的容器或包扎物，而品牌包装包含更多内容，除包含包装产品或服务的容器之外，还包含品牌的商标、吉祥物、标准中英文字形、代表色、辅助色、产品展示识别等一切外在特征。例如：康师傅方便面容纳面饼的包装是产品包装，而超市柜台上摆放的康师傅造型可爱的小标牌属于品牌包装。

品牌形象的三层次结构如图3-1所示。

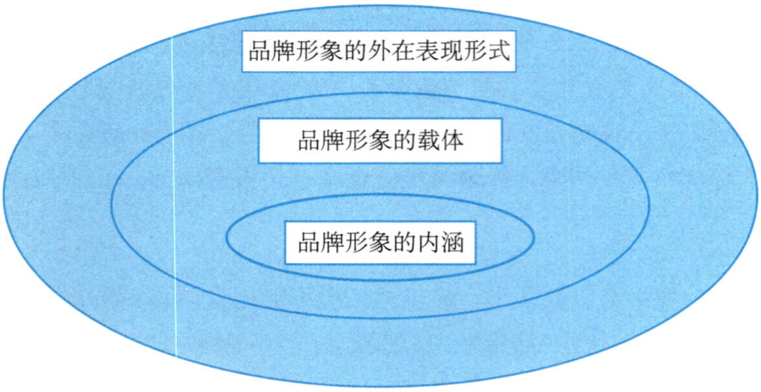

图 3-1　品牌形象的三层次结构

三、塑造品牌形象的意义

品牌形象是企业的无形资产，是品牌资产的重要组成部分，是企业开拓新市场的重要通行证。品牌形象是一个企业产品或服务的品质、价格、理念、设计和定位等要素在消费者心目中的整体表现。品牌形象既反映了品牌的外在特征，也在一定程度上反映了品牌的实力和本质。具体来说，塑造品牌形象的作用主要表现在以下几个方面。

（一）支撑企业发展战略

在现代社会，任何企业的发展都面临两个问题：一是在激烈的市场竞争中，企业如何能长期生存；二是保持企业的持续发展，寻求企业不断成长，提高企业可持续发展的能力。任何一个企业的战略都是紧紧围绕这两个问题而制定的，而塑造良好的品牌形象是解决这两个问题的重要因素。塑造良好的品牌形象既可以支撑企业发展战略，也可以为企业的持续发展和长久生存提供动力。例如：可口可乐公司把美国人的精神、美国人的生活方式融入品牌文化，把品牌文化变成了人们生活中的一部分，成为品牌形象塑造的成功典范。良好的品牌形象保障了可口可乐公司的持续发展和在饮料行业中的地位。

（二）形成良好的市场效应

企业能通过塑造良好的品牌形象达到对某一市场的占有权，并形成一定的市场占有率，其中包括开发新品牌的产品、品牌延伸、冲破各个地区进入新市场、获得消费者对品牌的忠诚、打破国别市场所面临的各种壁垒等。塑造良好的品牌形象，可以使其品牌与竞争对手的品牌相互区分，同时这种差别是竞争对手很难模仿的，因为它集多种差别于一体。塑造良好的品牌形象可以使企业长期获得市场竞争的优势，对于来自市场竞争对手的正面进攻，品牌可以建立森严的壁垒，对于未进入市场者，品牌形象代表的内涵和消费者对它的信任往往会使潜在竞争者放弃进入市场的念头。总之，塑造良好的品牌形象可以形成良好的市场效应。

（三）增加消费者对产品的感情

塑造良好的品牌形象不仅能满足消费者对产品的生理需求，而且还能够满足消费者的情感需求。企业塑造的良好品牌形象一旦得到消费者的认同和支持，那么消费者就会和品牌建立一种特殊感情，增加消费者对品牌的忠诚。例如：当可口可乐为了提高市场占有率和迎接百事可乐的挑战，宣布改变使用了 99 年的饮料配方，使用口味更甜美的配方时，众多消费者抗议，最后可口可乐公司不得不取消新配方而继续使用原来的老配方。这说明消费者在长期的消费中与可口可乐的老配方建立了特殊的感情。

（四）获得独特的市场地位

在激烈的市场竞争中，塑造企业的品牌形象是企业获得独特市场地位的重要保证。当消费者购买某种产品时，在市场上面对的是几十种甚至几百种品牌，如何使自己的品牌占有独特的地位，这就需要企业塑造良好的品牌形象。例如："金六福"品牌酒根据我国人民盼福和喜好吉利之言的传统习惯和心理需求，以黄、红、金为主色的外包装进行品牌形象塑造。金六福良好的品牌形象塑造策略使其在中国获得了独特的市场地位。

（五）国家经济实力的重要标志

品牌形象是国家经济实力的重要标志。一个个享誉全球的品牌，不仅是企业竞争力的体现，更折射出国家在创新、品质和文化上的深厚底蕴。强大的品牌集群能提升国家在全球产业链中的话语权，吸引资源汇聚，推动产业升级。像德国精工、日本匠心，都成为国家经济实力的鲜明注脚，彰显着独特的经济魅力与国际影响力。

第二节 品牌形象模型

一、品牌形象模型概述

由于品牌形象的复杂性和情境性等特点，在不同时间、地点和使用情景，消费者赋予其不同的含义和内容，因此国内外许多学者也从各个角度提出了不同的品牌形象模型。

（一）阿克品牌形象模型

戴维·阿克以品牌形象理论为基础构建了品牌资产模型，这个模型包含品牌忠诚度、品牌知名度、品牌感知质量、品牌联想和其他专有品牌资产五个方面。阿克品牌形象模型如图 3－2 所示。

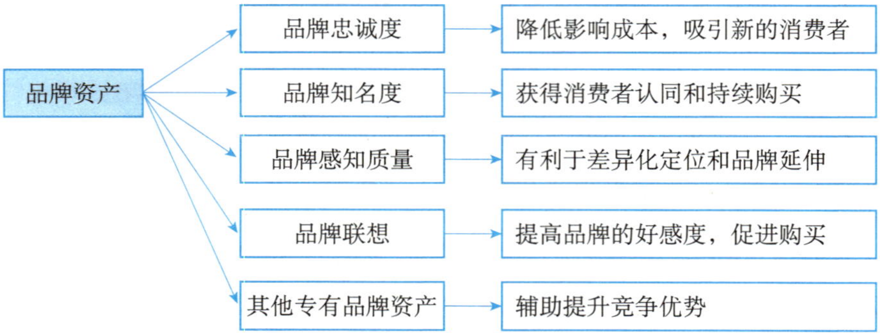

图 3－2　阿克品牌形象模型

在阿克品牌形象模型中，品牌形象只是作为品牌资产的一个部分在模型中体现，即表现为品牌联想和品牌感知。

（二）凯勒品牌形象模型

凯文·莱恩·凯勒认为，品牌形象是消费者与品牌在长期接触过程中形成的，表现为消费者对于品牌的感知、态度和情感，同时也预示着消费者未来的购买行为倾向，消费者进行的品牌联想从整体上反映了品牌形象，决定了该品牌在消费者心中的地位。凯勒品牌形象模型把品牌形象分为品牌联想类型、品牌联想偏好性、品牌联想强度和品牌独特性四个维度，通过分析品牌联想维度特别是品牌联想类型来揭示品牌形象。而品牌联想类型可以从产品特性、利益、态度等方面进行研究考察，如图 3－3 所示。

凯文·莱恩·凯勒把品牌联想分为三类：产品特性联想、利益联想、态度联想。产品特性联想分为产品相关特性与非产品相关特性联想，产品相关特性是指展现产品功能用途的物理特征，非产品相关特性主要表现为产品的价格、消费者的感觉与体验、使用者和使用情境以及品牌个性。

（三）克里斯南品牌形象模型

克里斯南品牌形象模型从品牌联想的角度研究品牌形象，认为品牌联想应该从品牌联想数量、品牌联想偏好、品牌联想的独特性和品牌联想的来源进行分析，如图 3－4 所示。

品牌联想数量是指消费者在心中建立了一系列品牌的联想。品牌联想数量的增加给消费者提供了接触品牌的多种途径，所以联想数量越多，消费者越容易区分品牌的特征；品

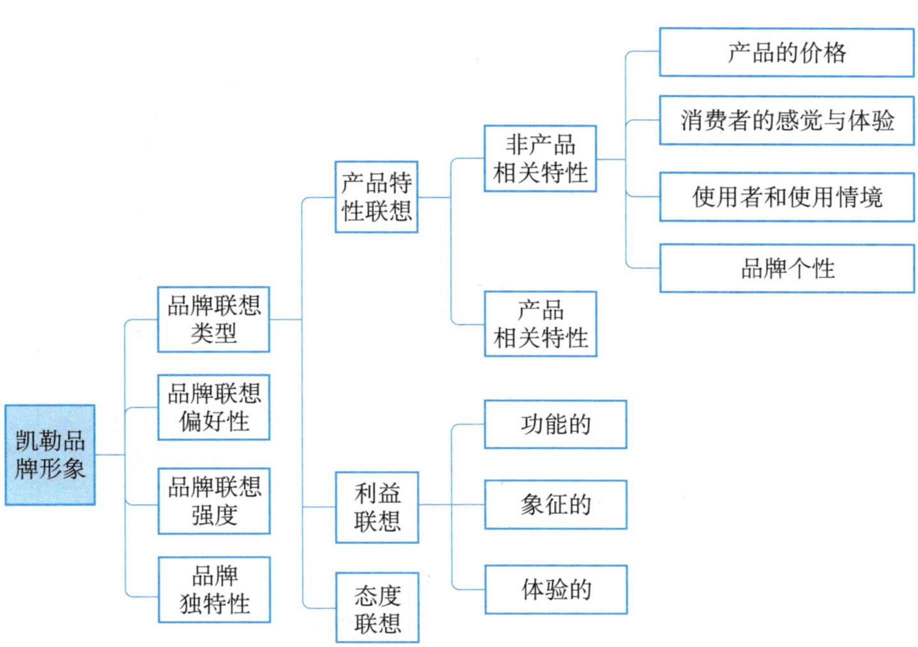

图 3-3　凯勒品牌形象模型

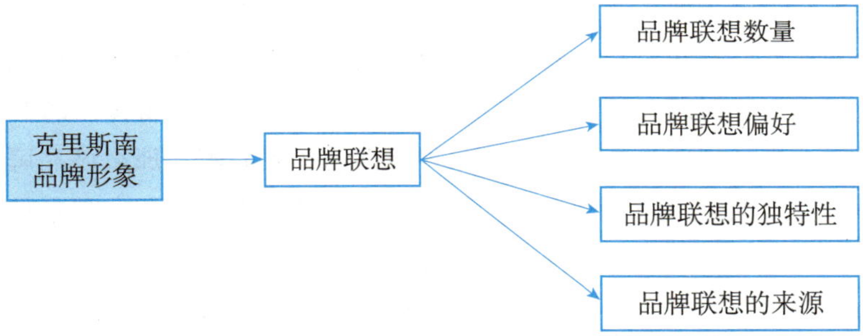

图 3-4　克里斯南品牌形象模型

牌联想偏好说明了消费者对该品牌的喜好程度，通过分析品牌联想偏好，可以反映某种品牌在消费者心目中的形象；品牌联想的独特性，使消费者与同类型品牌的产品和服务区分开来；品牌联想来源于消费者的直接经验和间接经验，直接经验来自消费者的体验和购买，而间接经验来自广告宣传和消费者口碑传播。与间接经验相比，直接经验产生的品牌联想更容易形成深刻的记忆，消费者对该品牌的形象认知也更加深刻。

（四）贝尔品牌形象模型

贝尔将品牌形象分为公司形象、使用者形象、产品或服务自身形象，而品牌形象起源于消费者对品牌属性的相关联想，其中联想可分为“硬性”和“软性”两种不同类型的属性，如图 3-5 所示。

图 3－5　贝尔品牌形象模型

硬性属性是指消费者对品牌有形的功能性属性的认知。例如：对洗衣机而言，相关的硬性属性特征就是省电、便于操作、洗得干净等；对空调而言，相关的硬性属性特征就是省电、环保、制冷等。这些对品牌而言是十分重要的，也是消费者购买产品时最重要的因素。如果一个品牌一旦对某一硬性属性功能形成“独占”，即让品牌在消费者的心目中占据最有利的位置，使品牌成为某类产品或某种特性的代表品牌，那么该品牌会在消费者心中留下很好的印象。但是，随着科学技术和社会的发展，生产工艺流程和技术之间的差距在逐渐缩小，“硬性”属性已不再是品牌之间形成差异的绝对性影响因素。“软性”属性可以反映品牌的情感、消费者利益表达的诉求，如耐克使消费者联想到运动、动力。在现代市场经济社会，这种“软性”属性已经渐渐成为区分品牌的重要因素，并且这种建立在情感利益上的诉求点，很难被竞争者模仿。

公司形象是“软性”属性，反映消费者对公司的整体感觉和印象。公司形象的构成因素主要包括：公司的规模、历史、竞争力、创新性、社会责任、声誉、信用、消费者的信赖感等。消费者会对公司形象中的“硬性”和“软性”属性进行联想，当公司在消费者心中具有良好的公司形象时，消费者就会愿意购买该公司生产的产品或接受其提供的服务。使用者形象是指品牌使用者的人口统计特征和品牌使用者的个性、爱好、价值观和生活方式的特征。使用者的形象在某种程度上反映了其品牌形象和消费人群的市场定位。产品或服务自身形象，是指产品或服务自身功能的“硬性”属性特征和满足消费者情感诉求的“软性”属性特征，消费者通过直接经验和间接经验对产品或服务进行感知和联想，从而对该企业的品牌形象进行定位。

二、品牌形象模型评价分析

阿克模型揭示了品牌资产的构成要素，品牌联想、品牌感知作为品牌形象的内容，反映了品牌形象在品牌资产构成中占重要地位。凯勒模型把品牌形象分为品牌联想类型、品牌联想偏好性、品牌联想强度和品牌独特性四个维度，通过分析品牌联想维度来揭示品牌形象。克里斯南模型从品牌联想的角度研究品牌形象，认为应从联想的数量、联想的偏好、联想的独特性和联想的来源四个方面来考察品牌联想。贝尔模型将品牌形象分为公司形象、使用者形象、产品或服务自身形象三个维度，从而分析影响品牌形象的因素。表 3-1 对四种品牌形象模型进行了比较。

表 3-1　四种品牌形象模型的比较

模型	模型性质	品牌形象维度	优点	缺点
阿克模型	品牌资产	1. 品牌联想 2. 品牌感知	阐明了品牌形象与品牌资产的关系	1. 不系统 2. 不完备 3. 分类混淆
凯勒模型	品牌联想	1. 产品特性 2. 利益 3. 态度	1. 系统性 2. 全面性 3. 普遍性	1. 复杂 2. 不易实证
克里斯南模型	品牌联想	1. 品牌联想数量 2. 品牌联想的独特性 3. 品牌联想偏好 4. 品牌联想的来源	1. 全新的视角 2. 实践意义大 3. 容易扩展	不完备
贝尔模型	品牌联想	1. 公司形象 2. 产品或服务自身形象 3. 使用者形象	1. 易懂 2. 直观 3. 实践意义大	1. 过于简单 2. 不完备

资料来源：江明华，曹鸿星. 品牌形象模型的比较研究［J］. 北京大学学报（哲学社会科学版），2003（03）.

第三节　品牌形象塑造

一、品牌形象塑造的原则

品牌形象塑造是企业进行品牌建设的重要途径，是一项长期而艰巨的任务。结合品牌形象的内涵和特点，企业品牌形象塑造需要遵循以下原则。

（一）系统性

品牌形象的塑造是一个复杂而长期的工程，不是一朝一夕之功，也不是仅仅依靠一次事件、一个包装就能完成的，而是要进行系统的策划。品牌形象的塑造必须结合企业战略综合考虑。品牌形象的塑造既要考虑宏观的国家法制、社会经济文化、风俗习惯等因素，又要考虑微观的企业、媒介、竞争对手、消费者等因素，打造品牌时应充分考虑各种关系的涉及者，综合衡量。品牌形象的塑造涉及多方面因素，要做大量艰苦、细致的工作，是一项复杂的系统工程。

（二）立足于品牌的精髓

在创建品牌时，要立足于品牌的精髓。精准的定位、独特的个性、丰富的品牌文化是品牌的精髓。品牌塑造要围绕这三个精髓去构建。

（三）独特性

在塑造品牌形象的过程中，展现出自己品牌的独特性十分重要。如果品牌形象与其他已有品牌形象过于类似，就很难在消费者心中留下深刻印象。当今市场经济高度发达，信息量呈爆炸式增长，注意力资源变得越来越稀缺，消费者往往被淹没在纷繁的信息中。能够引起消费者注意的品牌是有限的，所以企业在塑造品牌形象时一定要具有独特性，并且这种独特性能够符合相应消费者群体的价值追求。

（四）民族化

任何一个品牌都是生长在品牌文化的沃土中的，品牌的民族文化特质是品牌长盛不衰的重要因素。品牌在空间上的国际化，并不意味着品牌自身的民族文化要消失。一个成功的、历史悠久的国际品牌，总是体现着这个国家、这个民族最根本的民族性和文化内涵。各民族文化中总有一些精髓会被保留下来并且被世界接受和欣赏，在品牌形象塑造的过程中，将民族特色赋予品牌一定的形象，往往会叩开消费者的心门。例如：德国严谨、注重细节、强调质量的民族文化内涵，在奔驰汽车中得到了充分体现，奔驰汽车在塑造其品牌形象时也融入了其民族文化内涵。

（五）保持前后品牌形象的一致性

时代在发展，人们的审美、兴趣都在变化，因此品牌形象在一年或数年后可以根据时势、消费者的爱好、需求和企业营销活动做一些适当的调整，但不能变化太大，而是要保留一些具有品牌标识性的元素，这样可以保持品牌原有的调性，留住忠诚顾客。

二、品牌形象塑造的路线

企业塑造品牌形象，需要按照一定的程序，结合品牌形象的内涵和特点进行。塑造品牌形象的程序如下。

（一）市场和消费者需求调研

在进行市场和消费者需求调研时，企业取得市场信息和消费者信息的重要途径也是塑造品牌形象的出发点和基础。品牌形象塑造必须建立在科学的市场调研基础上，包括对市场需求、竞争企业的调查，对消费者的调查，对市场上相关品牌知名度、知晓度、市场占有率的调查，对不同国家或地区的风俗习惯的调查等几个方面。企业应充分掌握市场第一手信息，然后对调查结果进行分析，以制定品牌形象塑造战略决策。

（二）选择品牌载体

品牌一定是依附在产品或服务上的。在经过了市场和消费者调查后，企业要寻找或研发合适的产品和服务填补市场空白，为品牌找到合适的落脚点，为品牌找到生长的沃土。同时，企业要提高产品或服务的质量和品质，名牌一定是落实在卓越质量的产品或服务上。

（三）价值内化，凝练品牌精髓

有了产品和品牌后，企业要进行品牌的价值内化，凝练品牌精髓。品牌的内在价值包含品牌形象定位、品牌个性和品牌文化。品牌形象定位是给品牌确定一个适当的市场位置，为其在市场上树立一个明确的、有别于竞争对手的形象。一个企业只有拥有一个清晰而明确的品牌形象定位才可能塑造成功的品牌形象。品牌个性是塑造独特的品牌形象，只有拥有独特形象的品牌才能在消费者心目中找到自己的位置，较快树立起自己的形象。品牌文化是品牌的灵魂，只有丰富的品牌文化才能构建有生命力的品牌，才能使品牌产生持久的魅力和独特的气质。

（四）品牌符号设计

品牌符号是品牌形象的外表，包括品牌名称设计、标志设计、标识语设计、标准色设计、商标设计、产品包装设计和品牌包装设计等多个方面。企业可以利用品牌形象设计所带来的视觉效应引起消费者的注意和兴趣。

（五）品牌形象传播

品牌即传播，没有好的传播就无法形成好的品牌形象。品牌形象传播可以向目标消费群体传达品牌信息，并使其最终形成对品牌的偏好。品牌形象传播包括广告传播、公共关系传播、学校传播和新媒体传播等。

（六）品牌形象的反馈和发展

塑造品牌形象的效果如何，必须通过和消费者沟通及消费者反馈才能得到确认。所以企业在采取一系列品牌形象塑造策略以后，必须通过市场调研得出品牌形象塑造的效果。经过调研，如果公众心目中的品牌形象和企业设计的形象一致，那么品牌定位和传播就是正确的，可以继续深化；如果有偏差，那就要及时更正，在实践中不断修正、完善和提升。

金龙鱼品牌形象塑造的成功历程

品牌形象塑造的策略路线如图 3－6 所示。

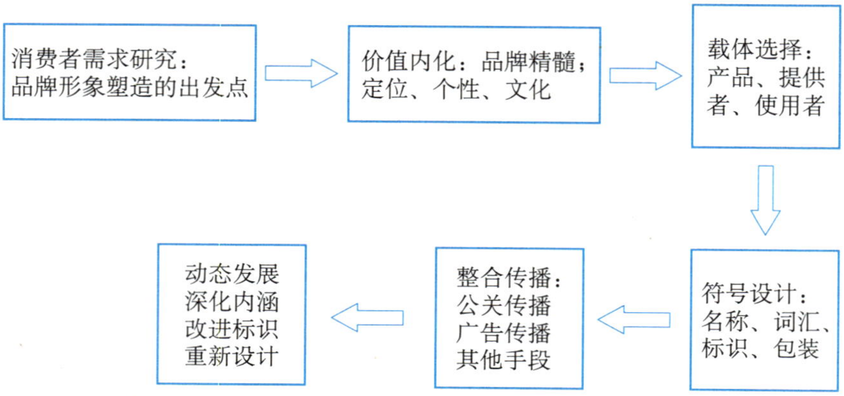

图 3－6　品牌形象塑造的策略路线

本章小结

本章介绍了品牌的定义、特点以及构成，分析了品牌对于企业、消费者的作用和价值，较为详细地介绍了品牌学中著名的四种品牌形象模型，最后提出了品牌形象构建的方法和策略。

本章测试

一、名词解释

品牌形象　　品牌定位　　品牌个性　　品牌文化

二、判断题

1. 品牌形象是短期可以建成的。（　　）
2. 品牌定位是确立品牌的市场位置。（　　）
3. 品牌个性是品牌重要的区别特征。（　　）
4. 品牌文化是品牌的基因之一。（　　）
5. 品牌包装就是产品包装。（　　）

三、选择题

1. 品牌内涵是由（　　）组成的。（多选题）

A. 品牌定位　　B. 品牌个性　　C. 品牌文化　　D. 品牌标志

2. 品牌载体有（　　）。（多选题）

A. 产品　　B. 服务　　C. 品牌名称　　D. 品牌标志

3. 品牌形象的特点是（　　）。（多选题）

A. 多维组合性　　B. 复杂多样性　　C. 相对稳定性　　D. 不可塑性

4. 在现代市场经济社会，（　　）已经渐渐成为区分品牌的重要因素，并且这种建立在情感利益上的诉求点，很难被竞争者模仿。（单选题）

A. “硬性”属性　　B. “软性”属性

C. “钢性”属性　　D. “脆性”属性

5.（　　）揭示了品牌资产的构成要素，将品牌联想、品牌感知作为品牌形象的内容，反映了品牌形象在品牌资产构成中占重要地位。（单选题）

A. 凯勒模型　　B. 阿克模型　　C. 克里斯南模型　　D. 贝尔模型

四、简答题

1. 简述品牌形象的作用。
2. 简述品牌形象的特征。
3. 简述品牌形象的构成。
4. 简述品牌形象的内涵。

五、论述题

1. 分析比较品牌形象四大模型的特点。
2. 举例说明品牌形象塑造的策略路线。

六、案例分析题

欧诗漫品牌长青的秘诀

欧诗漫以珍珠护肤为最大特色，一直占据着国内珍珠护肤品市场的半壁江山，其主打的“美白”品类也连续多年销量第一。在消费快速迭代的今天，欧诗漫用实例证明了其是如何使品牌保持长青的。

1. 建造300亩欧诗漫珍珠生物产业园

公司认为科学技术是没有止境的，珍珠产业研究也是没有止境的。珍珠的药用和美容价值自古以来便受到人们的推崇。欧诗漫以珍珠护肤的差异化概念进入化妆品市场，具有很强的竞争优势。同时，欧诗漫结合现代化的深加工科技，不断探索珍珠更大的成分价值。随着世界科技的进步，欧诗漫一直没有放弃核心技术的研发与进步，积极地与浙江大学、中国药科大学等知名学府建立合作关系，吸收先进技术，始终保持站在珍珠行业的前沿。欧诗漫还打造了占地300多亩的欧诗漫珍珠生物产业园，增设自动生产流水线，增加护肤品类和工艺品类。

2. 细分珍珠市场，再丰富产品线

韩剧热播、韩星刷屏让能打造清透裸妆的BB霜红极一时。升级后的CC霜，更具针对性和优势，比如CC霜在BB霜的基础上特别添加了美白成分、多效维生素C等迎合了消费者的需求，这使其在行业内大行其道。

在产品结构打造上，欧诗漫品牌所有产品细分为主推产品系列、基础产品系列和其他产品系列，共计18个产品系列。产品线丰富齐全，涵盖护肤、彩妆、面膜、男士和婴童等一系列产品。不仅如此，欧诗漫产品价格也涵盖高、中、低端。

3. 携手两位明星，开启双星代言

为提升品牌知名度，欧诗漫牵手两位明星，演绎中国珍珠美。欧诗漫还在众多卫视的综艺节目中投放品牌广告，提高公众知名度。

4. 联袂《中国之星》打造殿堂级音乐节目

围绕珍珠产品走差异化路线，2014年8月，欧诗漫牵手施华洛世奇推出珍珠白系列产品，以时尚、个性、奢华的美学理念打造了一场行业顶尖的潮流发布会，意义非凡。如果说与施华洛世奇的牵手提升了欧诗漫的调性，那么与《中国之星》联手，则是品牌向年轻消费者又迈进了一步。近年来，欧诗漫一直致力于品牌的年轻化，此次与《中国之星》的联手，也让欧诗漫站在了一个更加宽广和璀璨的舞台上。

5. 渠道扩张，大力发展商超

渠道扩张是产业发展的重要一环，欧诗漫注重市场的挖掘，树立样板市场，拉升中高端品牌，使品牌形象逐步完善。在欧诗漫“寻美·珍珠之光”品牌战略发布会上，其负责人表示，近几年来，民族品牌逐渐获得优势，在大众护肤品市场，民族品牌市场份额已上升至55%以上，与此同时，多渠道发展成为我国化妆品市场的特点。欧诗漫将以此为契机，大力拓展商超渠道、主抓百货渠道，打造样本市场，通过3～5年发展成为商超主流渠道。

欧诗漫的目标是在2030年做世界第一珍珠品牌。自1967年与珍珠结缘，近半个世纪，欧诗漫品牌的创始人一直与珍珠陪伴，这条路还很长！

分析：欧诗漫品牌形象成功的方法和策略是什么？

第四章　品牌定位策划

学习目标

知识目标： 理解品牌定位的定义、意义，及消费者心智模式理论和品牌定位原则，并基于品牌定位理论的基础理解品牌定位的四个策略。

能力目标： 培养对品牌定位的认知和分析能力。

素质目标： 提高品牌定位素养。

知识导图

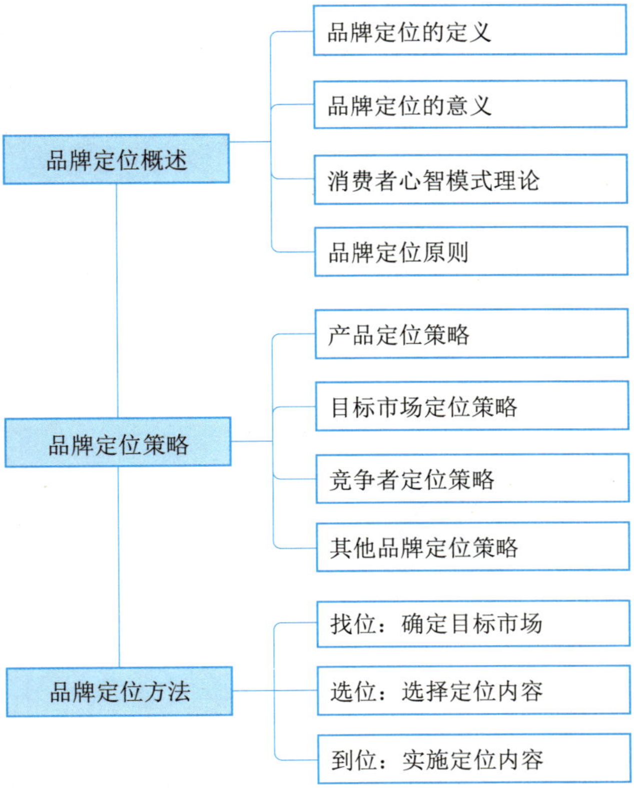

引导案例

华为手机在2011年刚刚起步，那时候国际上的对手是苹果和三星，国内的对手是小米。苹果和三星的市场份额在那时近于垄断，得到了消费者的广泛认可，居于绝对强势地位。华为是从为国际运营商制作贴牌手机开始的，并没有自己的品牌，一切从头开始，再全面对抗当然不切实际，只能选择细分市场。

华为的优势是研发实力与资金实力，尽管当时的技术做不到，但有了基础，只是需要时间去追赶；缺点是没品牌，只能一步步开始打造品牌。通过对市场的分析，华为Mate手机系列产品选择商务人士作为细分市场。与苹果、三星形成鲜明对比的是，华为手机鲜明地提出了其价值主张——面向商务人士，抢占顾客心智的地位。

同时，与小米相比，华为强调高端机的形象，Mate系列手机价格比小米手机高一级，平均每台都要高1 000元以上，用户层面有不同的选择，与小米对性价比形象的追求有所区别。华为Mate系列手机作为一款专为商务人士而设计的手机，在电池续航、外观、材料选择以及美化摄影上都不断优化。自2014年推出Mate 7至2020年推出Mate 30，品质不断提升，广受消费者赞誉，Mate 30在上市70天内就售出700万部。

华为手机在国内的市场份额由零开始，2022年达到30%以上。2019年，华为全球销量达2.3亿台，占据全球市场份额的15%以上，位居全球第二位，已超过苹果手机。

从2012年起，华为开始拍摄系列广告并在美国举办消费电子展，在西班牙举办移动世界大会，在英国伦敦和德国柏林等地举办系列发布会。特别是2014年在法国巴黎发布Mate 7手机，推出“爵士人生”广告，突出商务人士的优雅形象，产生了良好的影响，树立了华为手机高端商务的品牌形象。

自2014年Mate 7上市后，华为率先在国内市场打败三星，三星手机中国市场份额由20%左右锐减至2020年的1%。因此，品牌是一个企业顺利成长的重要根基，而打造品牌必须先建立起品牌定位。

第一节 品牌定位概述

一、品牌定位的定义

最先提出品牌定位概念的是两位广告人——艾·里斯与杰克·特劳特。1969年，两人在《产业行销杂志》上发表的一篇题为《定位是人们在今日模仿主义市场所玩的竞赛》

的文章中，首次使用了“定位”（positioning）一词。1972 年，他们在《广告时代》杂志上发表了一系列名为《定位时代》的文章。1979 年，两位定位研究领域的权威大师合作出版了第一本关于品牌定位的名著——《定位：攻心之战》，系统地论述了定位理论。他们对定位的核心观点是定位并不是在产品自身，而是在消费者头脑中。

里斯与特劳特相信定位不在于为自己的产品做出很大的改变，而在于自己的产品在未来顾客心目中的定位，所以他们相信定位改变的是名称、价格、包装或形象，但其实产品根本就没变，一切变化在本质上只是进行一种修饰。诚如里斯与特劳特所言：最根本的定位方法并不在于创造出一些新颖的或者与他人不同的产品，而在于对客户头脑中已有的产品进行操控，并对已有的连接关系进行再组合。

但我们必须清醒地认识到，品牌/产品从经营者的角度看是变化的，或者说是可以更改的。品牌/产品在营销过程中经历了图 4－1 中所描述的“品牌/产品营销循环”。

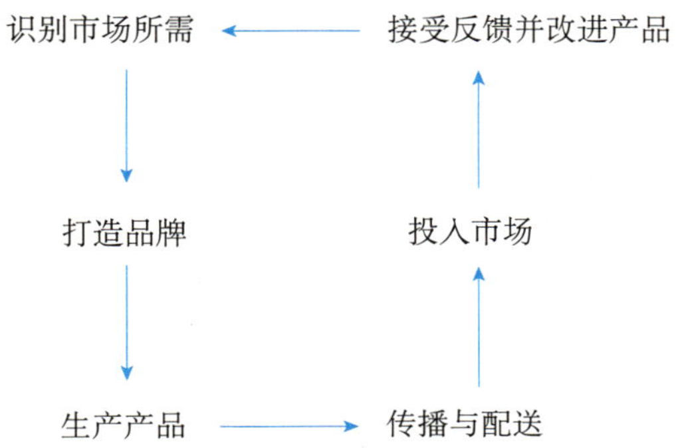

图 4－1　品牌/产品营销循环

所以，品牌定位就是企业通过市场细分、调研等方式，找出或打造品牌特有的差异点并与目标消费者头脑中空白点相匹配，再借助整合传播手段，给消费者头脑留下深刻印记、建立强烈联想、形成特有印象的战略行为。通俗地说，品牌定位是指企业对目标消费群体进行品牌或者商品独特性策划和呈现。寻求、交流并展现自己品牌与竞争品牌之间的差异化优势，是品牌定位的中心工作。品牌定位需要品牌或者产品能满足目标消费群体所需，并能为其带来利益或者给出购买原因，很明显，这一利益或者原因源于特殊的品牌利益。

二、品牌定位的意义

（一）品牌定位可以帮助消费者牢记品牌所传达的内容

现代社会是一个信息社会，人们每天一睁眼便要面对形形色色的信息。消费者在面对如此多信息茫然无措的时候，商家进行的很多媒体宣传恐怕都会付诸东流。科学家们发现，人们只能够接收到有限的数据，所以企业唯有通过压缩数据、明确定位、给产品树立能够触动潜在顾客从而与同类竞争产品区分开来的形象才是明智之举。品牌定位可以让潜在顾客对品牌有共鸣和正确认识，从而形成品牌偏好。

（二）品牌定位为品牌整合营销传播提供了依据

企业在进行品牌定位的同时，也需要对品牌定位设计出的整体形象进行有效传播。所谓品牌传播，就是企业借助广告和公关向目标消费者传达自己所设计的品牌形象，以取得消费者认可，从而在消费者心中树立起品牌形象。品牌定位和品牌传播之间有一个时间顺序，也正是这一顺序决定了二者具有相互依赖和相互制约的关系。品牌定位在品牌整合营销传播中占据重要地位，凡是提升品牌熟悉程度的行为都要针对品牌定位进行。品牌定位信息通过营销组合策略向消费者传达，只有聚焦于品牌定位，营销策略才能使品牌在消费者头脑中留下全面、连贯和独特的印象。简单地说，通过各种品牌运营手段综合应用后，品牌定位树立起来的整体品牌形象将在消费者心目中得以保留，这也是品牌营销的成果与宗旨。

三、消费者心智模式理论

品牌定位旨在达到和目标消费者心智模式空白点相匹配和择优，在他们头脑里烙下深刻的印记，因此企业首先需要深入研究消费者行为，而这一领域的研究正是品牌定位所做的第一步。在品牌定位方面，市场研究主要集中在以下三个方面：消费者对品牌及其产品的认知方式、消费者对信息的接收与理解方式、竞争品牌调研。企业必须清楚地认识到品牌定位并不在于考察竞争品牌在干什么，而在于提出这样一个问题：消费者在心中是如何感知竞争对手品牌的？它的定位是什么？消费者是否察觉到你和竞争品牌有什么不同？若有，则区别在哪里？消费者是重视还是不重视这些差异性呢？

杰克·特劳特与史蒂夫·瑞维金在《新定位》中认为，从定位的角度看，消费者心智模式主要有如下五个特点：

第一，消费者仅能接收到有限信息。在理论上说，一个人具有无限的潜能，他接收信息的能力非常强，目前已发展起来的大脑能力还不到他所有能力的 5%～10%。但现实反复证明人的记忆能力有局限性。心理学实验验证了后吸收信息对前期接收信息的遮盖或替换。在定位方面，不能期望消费者完全理解某一品牌，因此需要把握重点来定位品牌。

第二，消费者更倾向于简单，而不是复杂。简单是指容易理解，易辨认和易记忆，杂七杂八的东西不容易记起，消费者也没有兴趣深入探究，很可能会选择性忽视。消费者没义务也没责任记住任何公司的品牌或产品。所以品牌名称等符号必须简洁。

第三，如果消费者没有安全感，就会追随别人。当然安全感不只来源于产品自身，还来源于品牌形象。消费者在选购产品过程中存在商品风险、位置风险、价格风险和社交风险，所以品牌定位要努力降低或消除这些风险。

第四，品牌在消费者心目中的形象并不容易发生变化。这一点非常重要，品牌一旦在消费者心目中形成具体形象并有明确的定位，它就不容易被改变，而这个印象越深刻，它就越难被改变。因此，如果企业草率地更改品牌形象就很有可能失败。品牌形象的转变是战略性行为。它分两步进行，即首先让原来的印象冲淡、褪去，再让新形象树立、增强、变深刻。所以，改变形象比从一开始就塑造形象风险要大，所需资源投入要大、耗时要长。

第五，在品牌延伸或者修改定位时，易使其焦点变得模糊。消费者购物是以品牌感知为前提的，但品牌延伸很可能会模糊了品牌及其标志的边界，导致消费者无法明确品牌为何物，丧失了关注重点。这就需要品牌延伸由近及远、从高相关度产品入手、逐步展开、严把延伸度。品牌重新定位还应进行策略性操作，不应造成消费者心理冲突。

四、品牌定位原则

品牌定位就是以目标市场的购买者为导向。为实现定位，品牌定位策划者与实施者应深入理解消费者心智与品牌认知模式。与此同时，企业还需要遵守定位的一些基本原则，这些原则有利于企业对品牌进行更好的定位。

（一）品牌定位要做到品牌核心价值差异化

成功的品牌定位策略首先应该能够创造出差异、创造出特色，能够让品牌在众多同行品牌中脱颖而出。有幅获奖作品给人以很好的启发：整幅作品中，到处都是挨挨挤挤的牛群，这几百头牛形体极为相似，只有一头牛格外惹眼——当别的牛正低着头吃草料时，它抬起头回望，睁大眼好奇地看着摄影镜头，表情憨态可掬。每个看到这张照片的人都会被那头牛吸引，并对其留下深刻的印象，而对其他的牛则没有什么印象。它道出一个浅显的真理，那就是与众不同的东西才能引起人们的注意。

品牌的核心价值如果不明显区别于其他竞争品牌，则很难吸引顾客的眼球，更不能奢求顾客认可和接受。核心价值没有特色，品牌就没有销售力。具有独特核心价值的品牌一进入市场，便会令消费者动心。比如在品牌繁多的洗发水市场中，海飞丝洗发水被定位于“可以去除头屑的洗发水”，这在当时是独一无二的，所以海飞丝洗发水一经上市便立刻吸引了消费者的目光，消费者断定其并非普通洗发水，而是去头屑洗发水。消费者在需要处理头屑烦恼的时候，自然会在第一时间想到海飞丝。

（二）成功定位策略应当以市场为导向

没有一种产品能够满足全体消费者的要求，也没有哪个品牌能够只把一部分顾客作为自己的服务对象来发挥自己的长处，从而提供更加优质的服务。因此，明智的企业会根据消费者需求差别将市场细分，并从中选出具有一定规模和发展前景、符合企业目标和能力的细分市场作为其目标市场。企业需要将品牌和产品定位在目标消费者所偏爱的位置上，并通过一系列推广活动向目标消费者传达这一定位信息，让消费者注意到这一品牌并感到它就是自己所需的，这样才能真正占据消费者的心。企业若能抓住消费者的想法和需求并晓之以理，就一定能够百发百中。所以，企业打破信息沟通壁垒的关键在于考虑消费者的想法，通过多种方式将所传播的信息转化为消费者想要表达的内容，由此让消费者认为“这就是我所需要的产品，这一产品就是为我设计的”。

（三）品牌定位应简明扼要，把握关键点

消费者能够记忆或印象深刻的信息有一定的限度，从本质上来说，他们讨厌复杂而喜欢简单。所以品牌的定位一定要简单明确。所谓“简单”，是指品牌每一次都只能给出有限的资讯，多则无用。消费者并不会故意记忆关于某个品牌的大量信息，他们都是在无意识中学习和接收品牌信息；所谓“明了”，是指消费者不必刻意去了解和领悟品牌的定位。所以企业进行品牌定位时一定要把握好关键点。企业如果面面俱到、过多地列举品牌产品优势与特点，反而无法抓住重点。这一做法使消费者产生模糊认识，同时表明品牌定位者还没有真正了解目标市场上消费者最为关注的事情。因此，品牌定位者要把握好品牌一至两个关键的独特点并以简洁的形式表现出来，使消费者容易理解与记忆，并引起共鸣。

（四）品牌定位应维持相对稳定并不断强化

品牌定位常常成了人们区别不同品牌的一种强有力的工具，有时它甚至是唯一一种方法。可口可乐与百事可乐有什么区别？农夫山泉与乐百氏纯净水又有什么不同？从实体产品讲，它们并没有太大的区别，但我们在购买时仍然能充分感觉到它们之间的不同。这种不同就是品牌定位造成的区别，是坚持品牌定位所导致的差别。消费者认知模式理论认为，品牌定位及其所形成的品牌形象不容易更改也不容易磨灭，但这一印象又会因为企业本身行为不当以及竞争者的有力进攻而变得模糊不清。所以，不始终如一地坚持自己的品牌定位，这一形象将被冲淡，而一旦竞争者乘虚而入，这一形象也有可能从消费者的视线中消失。所以，坚持意味着永远保持这种定位，除非消费者的消费观念、价值取向发生了改变。比如美国万宝路牛仔形象与品牌定位七十余年不变，美国宝洁公司象牙牌肥皂“能浮起来的肥皂”定位一百余年不变。定位描绘着品牌所特有的个性或特质，只有始终如一地把它作为品牌核心内涵和核心识别元素来对待，才是企业真正意义上的品牌定位。但是，从品牌运作的历史来看，有些知名品牌也曾希望打破品牌的原有定位，但最终都以复出收场。

当然也要注意到企业对品牌定位所遵循的一贯性，不能因此而否认在必要时候对品牌定位所进行的修正与重新定位。品牌定位确定后不应该随便改变。我们认为，虽然品牌定位的主题没有变，但是表现方式需要随着时代变化而丰富。也就是说，定位没有变，但是表达定位的传播方式要常新，这样才能与时俱进。

（五）品牌定位应做到以情感人、情理相融

如何表述这一原则？最早的一种方式是“情理交融，以情动人，以理服人”。第二种表述省略“以理服人”四字，最终确定的表述为“以情感人，合情合理”八字，注重以情动人。吉拉德·查特曼提出，理性与情感对于人类的思想和行为过程都有着同等的重要性。瓦尔特·玄纳特在《广告奏效的奥秘》一书中说：人们，第一靠情感，第二靠理智；人们常说的“理性的人”，是完全没有的。现实生活中的例子并不鲜见。以历来被认为是理性定位楷模——乐百氏 27 层净化纯净水广告为例：“为了您可以喝到更纯净的水，乐百氏（拟人化地）不厌其烦（表达其一丝不苟，对消费者全心全意的关怀），每一滴都经过严格净化，足足有 27 层（十分精确的数字让人信服），您会喝得更放心。乐百氏纯净水：真正纯净品质保证！”显然，品牌定位中“以情动人”是关键，“情理交融”那就很完美。任何一个企业在进行品牌定位的时候，都不应该忘记这一点，也不应该忽略这一点。

（六）品牌定位应图文并茂地呈现

查特曼认为，思想建立在印象和认知之上，它是具体的和鲜活的，但文字恰恰相反，它枯燥乏味、僵化不堪，所以品牌定位一定要图文并茂，特别是要充分利用形象。人们对图像比较容易理解，对图像的认知也是整体性的，不像文字那样需要一字一句地认读，所以一个成功的品牌定位需要图像支撑。符号学研究的结论是：任何事物都具有一种被掩盖的含义，任何形象都可以传达一定的信息，简单的画面可以表达多种含义，比长篇大论更具有优越性。因此，品牌定位者要构思出一个情景、一幅生活画面和一个故事去表现品牌定位，再运用简洁的笔墨去解释或者加强这个定位。这样，品牌定位才会给消费者留下深刻的印象。

第二节 品牌定位策略

品牌定位策略就是实施品牌定位点发展的战略。品牌定位点发展是企业经营者视角下发掘品牌特色所做的努力。品牌定位点不等于产品定位点，品牌定位点可能比产品定位点更高或一致。发展品牌定位点并不仅仅限于产品本身，而是来自产品又超出产品。具体而言，企业可在品牌产品、目标市场、竞争对手、品牌识别的其他层面及品牌关系中找到并发展品牌定位点。

一、产品定位策略

（一）把产品功能作为基本点进行定位

功能（包括质量）是产品的核心。在实际应用中，商品能被消费者接受主要是因为商品有某种作用，能为消费者带来实惠并满足其需要。如果某一产品拥有独特功能并能给消费者带来特殊的收益和满足其特殊需求，则该品牌在功能性收益相关方面存在相对于其他产品品牌更为显著的差异化。如施乐复印机强调操作简单，复印的内容和原件差不多，表现形式就是让一位五岁女孩来操作复印机。小女孩将原件和复印件交给父亲时，她问："哪个是原件?"此外，"高露洁，没有蛀牙""佳洁士，坚固牙齿""海尔 007 冰箱"等，均是基于功能的品牌定位成功范例。

（二）把产品外观作为基本点进行定位

外观作为消费者最易识别的商品特征之一，是其对特定品牌商品认同和接受的重要基础。产品外观本身可以构成市场的优势。由此看来，商家若选择以产品外观这一消费者最容易识别的商品特征为品牌定位基点就能让品牌更具有鲜活性。例如："白加黑"感冒药有白色和黑色之分，在此独特外观表现形式的基础上对传统感冒药进行服用方法的改革。这一全新形式也是这一产品的定位策略之一，而商家给它取了个"白加黑"的名字，使得名字本身又表达了品牌的属性和诉求点。又如"Think small"（想想还是小的好），它是世界广告发展史中的经典。该广告传递品牌精髓，让德国大众汽车公司的大众金龟车（俗称"甲壳虫"）成功进入美国汽车王国，树立起独特可信的品牌形象。1973 年世界性石油危机爆发前，底特律汽车制造商就已经强调车要长得多、大得多，豪华漂亮。因为从人类步入汽车时代开始，轿车这一代步工具就已经成为身份、地位、财富的象征。与之形成鲜明对比的是，那些既小巧又十分难看的"甲壳虫"却有失正常。然而，"甲壳虫"却把工薪阶层作为自己的目标市场，针对普通工薪阶层的购车欲望，推出了"小巧玲珑比较好，比较经济"的宣传广告，十分清晰、明确地表达了"甲壳虫"的品牌定位，打消了消费者的疑虑。可以说，"甲壳虫"是以鲜明独到和准确的品牌定位成功进入美国市场和世界各国汽车市场的。

（三）把产品价格作为基本点进行定位

价格是厂商和消费者利益分割最为直接的标志，是众多竞争对手在市场竞争中常用的一种竞争手段。企业把价格作为品牌定位的基本点，是借助价格高低来给消费者留下产品是高端还是低端的印象。一般来说，价格高表明面向的消费者事业有成，社会地位和经济实力高；价格低，就容易博得大众的青睐。

（四）把原产地作为基本点进行定位

由于人文地理的关系，世界某些地区与某些产品建立了紧密的联系，因此原产地会形成地区竞争优势。例如：我国一向以瓷器著称，江西素有“瓷都”之称。

图 4－2 是消费品品牌国家形象特征。

价格	较高	欧洲：性能较高	美国：价格较高
	较低	日韩：经济实惠	中国：经济耐用
		较高	较低
		质量	

图 4－2　消费品品牌国家形象特征

二、目标市场定位策略

（一）站在使用者的立场上进行定位

这类定位点的制定就是将产品与一个用户或者一个类别的用户相关联，将品牌产品目标消费者直接表达出来，而将其他消费群体排除。其实这一定位通常和品牌产品利益点联系在一起，暗示产品可以为消费者解决某一问题，带来具体收益。比如《体育周报》就是给爱好体育的人士看的报纸；“男士止步”明确表示该品牌的产品主要针对女性，是从女性使用者的立场出发，为女性打造专属的美妆或护肤空间，让女性在使用产品时能感受到品牌对她们的关注和尊重。消费者一眼就知道品牌定位用户。再如“吉列牌——男士们所能得到的最好的”定位的使用者为男性；“雕牌”洗衣粉“只选对的，不选贵的”定位的使用者为中低收入者。其实使用者定位是一个非常常见的定位点发展源头，表意类品牌比较常见，比如劳力士、斯沃琪、欧米茄等，一般都会选择使用者作为形象代言人来表现品牌定位与符号。

（二）在使用场合、时间等方面进行定位

红牛饮料以泰国红牛饮料为典型代表，它最初的定位为“困了累了渴了，喝红牛”，强调红牛饮料的作用在于快速补充能量和消除疲劳。如今红牛广告词已经改用“你的能量超乎你想象”来赋予品牌更加深刻丰富的意义，打造新的品牌联想。又如 7－ELEVEn 连

锁店表明自家店是“早上7点开门，晚上11点闭门”（后改为24小时营业）；蒙牛“早餐奶”迎合了国人“早餐要吃好”的理念。

（三）从消费者的购买目的出发进行定位

从世界范围来看，请客送礼都是很平常的事，在我国也很常见。不过有一个区别，国外的送礼人在给对方送完礼之后，都会鼓励对方拆开看一下所送的礼物，问他喜不喜欢；送礼人会解释为何选择这份礼物以及要表达的含义。我们国人就不一样了，送出去的礼物经常包得严严实实，收礼者现场不会打开，送礼者不鼓励现场打开，不解释自己为什么要选择这个礼物。立足这一特殊国情，商家的品牌定位上便出现了一个新的发展点：让礼物的品牌开口，代送礼的人说话。如“心源素”代表子女说“爸爸，我爱你”，“保龄参”代表女婿的“一心一意”。这些品牌所具有的含义恰恰是品牌定位所决定的。企业在消费者购买动机中找到定位点无疑是可取之路。

（四）从消费者的生活方式出发进行定位

市场研究显示，企业依据消费者生理属性对市场进行划分越来越难抓住目标市场，而消费者的生活方式、生活态度、心理特性以及文化观念等显得日益重要，成为市场细分中的一个重要准则。于是，在生活方式的视角下找准品牌定位点就成了更多“聪明”商家的首选，比如为职业女性定位，为热爱户外活动的人定位，为关心家人的人定位。鉴于现代社会中消费者对个性追求和对自我展示的要求，通过对品牌进行定位，能够使品牌获得对应的含义，消费者在购买、享受品牌产品时可以彰显自我、突显个性。

三、竞争者定位策略

品牌定位本就暗含了竞争性。上文所述定位方法对定位的选择不是直接以竞争者为目标，而是要综合考虑产品性能、功能性利益和使用场合，分析竞争性品牌处于何种地位，进而建立自己的品牌定位。而从品牌的竞争角度定位，则把竞争者作为定位的坐标或基准点，再确定本品牌的定位点。

（一）首次定位或第一定位

品牌的首次定位或者说品牌的第一定位都是为了找到基本不存在竞争者的顾客对品牌定位的感知图，并在图中打上这个唯一品牌。两位定位论先驱尤其重视“第一”问题。他们强调消费者常常只记得第一名，就像体育比赛一样，冠军众所周知，但是第二名和第三名却很少有人记得。首次定位或者说第一定位是在消费者空白心智中搜寻乃至创造性地找到这样一个空白点。比如七喜在非可乐的定位上，首先就喊着“非可乐”软饮料的名字；而李宁宣称“做中国人自己的运动服装”。

（二）比附定位

此时定位点的发掘就是将竞争者作为参照点，从他们身边找到突破口，而将竞争者联系起来，特别是竞争者作为市场领导者的时候，这一定位可以凸显比较弱小的品牌气势。在实际操作中，品牌定位者应确认竞争者所处的地位，然后突出自己品牌的特点。一个持续引用的事例就是美国安飞士汽车租赁公司（AVIS）凭借“我们是第二位，但我们更努力”这一定位获得了巨大成功；同样，雷克萨斯说：“用 36 000 美元就可以买到价值 73 000美元的汽车。”

在目前有关品牌究竟应该走专业化道路还是多元化道路的争论中，品牌可以从竞争对手多元化背后另辟蹊径，突出自身，精益求精、集中资源搞好同一种产品的专业化特征，比如“格力——空调专家”等。当然真正的专家并不只关注一件事情，他必须做到精明强干、胜人一筹、让人满意，这才是名副其实的。

（三）进攻式或防御式定位

比附定位的原理通常不在于攻击或者挤占原有品牌的地位，而在于遵循既有秩序与消费者认知模式在既有框架内选择安身立命之地为特定目标市场服务。但是进攻式或防御式的定位点，就是用来蚕食别的品牌在市场上的地位，或者用来抵御别的品牌攻击的定位。该定位点又叫竞争性定位点。比如飘柔主要定位点在于让头发“飘逸顺滑”，但是同时又以“去屑”为副定位点，对于海飞丝来说是具有攻击性的。而联合利华发布清扬洗发水，称其为“深层洁净、持久去屑”，更将海飞丝直接作为攻击目标。

四、其他品牌定位策略

与品牌定位相比，品牌识别更为宏观，更为内在。在卡菲勒看来，品牌定位仅仅是品牌丰富含义和潜在价值中的一环。品牌识别就是对它的内容和形式、风格和文字、形象和音乐等方面进行整体的统一。品牌定位是特定条件下能调整再定位的，但是品牌识别应该是不变的。所以品牌定位仅仅是品牌识别中的一个方面，它是填补目标市场客户心智空白的理性选择。其他品牌定位策略具体而言主要有如下几种。

（一）根据品牌个性进行定位

品牌个性也许早在品牌设计阶段便已经建立起来，是由品牌监护人经营而自然而然地形成的。但是品牌个性一旦养成，即能成为品牌定位点，比如舒肤佳代表“母亲的爱心”、李维斯说“不同的酷（与 cool 谐音），相同的裤”等。品牌个性在广告宣传和消费者购买体验中逐步增强。

（二）根据品牌文化特点进行定位

品牌文化具有品牌本身独特的历史文化和品牌起源的地域文化。对品牌进行文化定位，还可以从多个不同视角进行思考。比如香水定位于真正从法国散发出来的浪漫，又比如奔驰公司百余年汽车制造史中所形成的特殊品牌价值观——优质可靠、技术领先等，而该公司所销售的每一辆新车也时刻印证着这一价值。公司以“奔驰，通过设计和技术的完美组合，创造质量和性能极优的轿车”为基本定位，这个定位体现在其 SL 型汽车就是古典优雅与振奋人心的感受与动力相结合。对于奔驰等老牌公司来说，标记与名称凝聚着企业的文化与价值理念。无独有偶，在我国，红旗轿车的“中国人，坐中国的红旗车”、南方黑芝麻糊的“一股浓香，万缕温暖”等品牌文化定位众多。

（三）根据品牌和消费者关系取向进行定位

将品牌和消费者结合起来，就是找到了品牌定位点。品牌和消费者之间的关系体现在品牌对待消费者的方式上：是亲切、乐于帮助还是关怀爱护、体贴有加，或者是别的什么方式。比如海尔冰箱每次发布新品总有一个诉求点：“真诚到永远”——不断地帮客户解决所碰到的种种难题。因此，海尔在与客户关系上定位于“真诚、友好、关心”。

第三节 品牌定位方法

品牌定位方法可以使用清华大学李飞教授提出的品牌定位理论，详见《钻石图定位法》《定位地图》两本专著。该理论展示了品牌定位的流程和步骤，分为找位、选位、到位三个阶段。

一、找位：确定目标市场

找位是指明确自己的产品或服务要卖给哪一群人，这是企业一切营销或传播活动的前提。

二、选位：选择定位内容

根据钻石图定位法，定位的内容分为属性定位、利益定位、价值定位三个方面。

（一）属性定位

科特勒曾指出，消费者对产品进行评价时，会考虑许多属性，并会根据这些属性来对产品做出相应的评价。马克·E. 佩里将若干学者对于产品属性的观点看法进行总结后，将产品属性归为四类：

（1）内在属性（材质、工艺、形态）：指产品的内在构成因素。

（2）外在属性：指品牌、包装、服务、价格。

（3）表现属性（产品发挥作用的形式）：如音响的音质、汽车的性能、手机运行的性能与速度等。

（4）抽象属性（概括性属性）：如麦当劳和肯德基等快餐店的“便利”属性包含交通便捷、标准化、制作快速等特点。

（二）利益定位

利益指的是消费者购买或使用产品所获得的好处。学者将产品所能提供的利益分为社会心理利益和工具利益。

（1）社会心理利益：指顺应他人或自己的看法而购买特定产品。例如：一个人若认为自己是很独特的，那么他就更倾向于购买在工艺、功能或外观上较为独特的产品。

（2）工具利益：包括功能利益、财务利益和体验利益。功能利益指产品所能够提供给消费者的功能，如牙膏是为了防治蛀牙，洗衣液是为了清洗衣物，空调是为了调节室内空间的气温；财务利益指消费者购买产品是否能够为自己节省金钱；体验利益指消费者购买产品是否能够得到感官上的享受。

企业要让产品具有竞争优势，就需要在某个或某几个利益点上做得更加突出，这就是利益定位。

（三）价值定位

价值指的是品牌通过传播活动所塑造的一种精神、态度、品质，表现为某种理想的生活状态或美好的个人品质。品牌的价值定位可以通过传播活动来展示，如戴比尔斯的“钻石恒久远，一颗永流传”所描绘的美好爱情，小米“为发烧而生”的科技生活，李宁“一切皆有可能”的勇气，中国移动“沟通从心开始”的真诚等。

三、到位：实施定位内容

十个值得被记住的广告

根据钻石图定位法，品牌定位是通过产品、价格、分销、传播这四个营销要素的合理配合来实现的。例如：沃尔玛的属性定位是“平价超市”，利益定位是“省钱”，价值定位是“好生活”，那么沃尔玛就需要从产品、价格、分销、传播这四个方面来实现其定位，沃尔玛要确保所售产品不过于高端，商品定价不能高于竞争对手，控制分销成本，选择较为低价的方式进行传播，倡导美好生活。

本章小结

本章介绍了品牌定位的定义、意义以及消费者心智模式理论和品牌定位原则。品牌定位原则有以下六条：品牌定位要做到品牌核心价值差异化；成功定位策略应当以市场为导向；品牌定位应简明扼要，把握关键点；品牌定位应维持相对稳定并不断强化；品牌定位应做到以情感人、情理相融；品牌定位应图文并茂地呈现。在品牌定位策略方面主要列举了四种策略方式：产品定位策略、目标市场定位策略、竞争者定位策略和其他品牌定位策略。

本章测试

一、名词解释

品牌定位　　品牌认知　　消费者心智　　品牌个性

二、判断题

1. 品牌定位没有改变产品本质。（　　）
2. 品牌定位能够为营销策略提供依据。（　　）
3. 消费者每天能够接收大量品牌传播的信息。（　　）
4. 品牌一旦定位了，就无法再改变。（　　）
5. 品牌定位点不等于产品定位点。（　　）

三、单项选择题

1. 创立定位理论的是（　　）。

A. 科特勒　　B. 里斯和特劳特　　C. 奥格威　　D. 利维

2. 品牌（　　）是企业在市场定位和产品定位的基础上，对特定的品牌在文化取向及个性差异上的商业性决策，它是建立一个与目标市场有关的品牌形象的过程和结果。

A. 定位　　B. 位置　　C. 方向　　D. 个性

3. 对于一个品牌而言，品牌定位是最核心的，千万不能因受外界环境的影响而轻易做出改变，这是指（　　）。

A. 品牌定位不能变　　B. 品牌定位时价格不能变

C. 渠道深入　　D. 产品为王

4. 沃尔沃品牌强调产品“安全”，是一种（　　）。

A. 质量/价格定位　　B. 利益定位　　C. 情景定位　　D. 消费者定位

5. “高露洁，没有蛀牙”“佳洁士，坚固牙齿”“海尔 007 冰箱”，是以产品（　　）为基点的定位。

A. 功能　　B. 外观　　C. 价格　　D. 质量

四、简答题

1. 简述品牌定位的意义。
2. 简述消费者心智理论。
3. 简述品牌定位的原则。
4. 简述竞争者定位策略。

五、论述题

1. 试分析四种品牌定位策略的特点。
2. 通过品牌/产品营销循环模型，对某一品牌进行分析。

六、案例分析题

加多宝的品牌定位和整合传播

“王老吉”品牌始于清道光年间，至今已有 100 多年的历史，是举世公认的凉茶鼻祖，被誉为“药茶王”。

1995 年，港资背景下的加多宝公司于广东东莞成立工厂，并获得羊城药业特许在中国内地制造和经营罐装凉茶王老吉（食字号）。加多宝集团，依托香港地区，主要从事饮料生产和营销。加多宝主要经营红色罐装的“加多宝凉茶”“昆仑山雪山上的矿泉水”两大饮料品牌。

2002 年，加多宝调研发现红色罐装王老吉（简称“红罐王老吉”）已经在广东和浙南地区拥有较为固定的消费群，盈利状况好，销售稳定，销售额已连续多年保持在 1 亿余元，成为著名的区域品牌。经过七年的发展，“红罐王老吉”客户市场一直局限于广东、浙南两省区，中国许多地区的人们并无喝凉茶的理念与习惯。如何打破现有的发展瓶颈，把王老吉品牌进一步做大做强，扩大全国市场，已成为加多宝公司下一步发展的关键。加多宝公司在市场调研中发现，广东和浙南等地消费者对于“红罐王老吉”产品也存在较为混乱的认识。王老吉虽具有凉茶始祖品牌地位，却形成了以红色锡罐包装饮料的形象，使消费者感到其“似凉茶似饮料”。这就使加多宝的产品推广陷入了困境：若以“凉茶”的理念进行宣传，又怕自己的销售大打折扣；若当作“饮料”来宣传，则又未能确立准确的品牌区隔。

1. 品牌重塑

几经周折，2002 年底，加多宝携手营销顾问机构对王老吉品牌定位和营销进行了重新策划。明确“红罐王老吉”品牌定位为“预防上火的饮料”品牌，竞争对手为其他饮料品牌。

加多宝凉茶在品牌配方的设计、运营和销售中，强调以传统配方为基础，使用上乘草本材料制作而成，遵循传统蒸煮工艺并通过现代科技萃取草本精华，精心调配而成。加多宝凉茶中含有菊花、甘草、仙草、金银花等多种有防治上火功效的草本植物。现代科学研究证明：加多宝凉茶中的植物黄酮类天然成分可防止上火，对健康有益。

从品牌消费场景来看，加多宝倡导这款凉茶的独特品牌价值主要体现在：加多宝凉茶以防止上火功能、天然健康等优势日益受到消费者喜爱。当你在享受川湘菜、火锅、烧烤、薯条、汉堡等美味佳肴时，或者你通宵K歌、上网、看球和加班加点时，加多宝凉茶就是你必不可少的健康饮品。

对王老吉进行品牌再定位，好处主要有以下几个方面。

一是树立传统中医防治上火饮品品牌定位，以顾客价值需求为导向打造特有的利基市场，并对国内外饮料巨头的竞争产生有效的区隔，树立降火饮品利基市场领导品牌形象及特有的竞争优势。国人公认的降火饮品理念，为王老吉拓展全国市场、走出广东和浙南、迈向全国埋下了伏笔。

二是确立“红罐王老吉”预防上火的功能价值属性。王老吉品牌历史悠久，清淡的中药味已不再成为饮料销售中的口味障碍，而是成功地转化为“预防上火”功能价值的强大支撑。通过“红罐王老吉”产品功能价值传播，大力提升产品品牌价值，红罐王老吉3.5元零售价格，因“预防上火”的功能价值而得到顾客认可，形成品牌价值溢价。

2. 品牌传播

在品牌传播方面，加多宝公司以降火饮料品牌定位为核心，通过系统规划与整合营销，大力传播“红罐王老吉”品牌价值定位与产品形象。加多宝公司经过多年的发展，逐渐建立起“大品牌、大平台、大活动”营销策略。

在广告宣传的第一阶段，加多宝公司树立了“红罐王老吉”“不用害怕什么，尽情享受生活，怕上火，喝王老吉”的主题广告语，通过场景设计，使王老吉以轻松愉快、健康向上的形象示人，避免对症下药式消极诉求，使“红罐王老吉”与“传统凉茶”得以区别。为了更好地吸引消费者关注，电视广告精选了5个被消费者视为日常生活中最容易上火的镜头：吃火锅、彻夜看球、吃油炸薯条、吃烧烤、夏天阳光浴。广告画面上大家一边愉快地享受着生活乐趣，一边尽情地喝着王老吉，动感的广告歌重复着“不用害怕什么，尽情享受生活，怕上火，喝王老吉”的广告语。消费者一吃火锅和烧烤，就会很自然地想起“红罐王老吉”。一时间，喝王老吉饮料成为时尚，有效推动了王老吉产品销量的增长。

在传播媒体选择方面，加多宝公司则选择与全国有影响的中央电视台进行合作，同时结合原销售地区广东和浙南等地强势地方媒体进行整合营销。2003年，加多宝公司总共花费了4 000万元广告费用。2004年和2005年，加多宝公司趁胜投入大量资金购买中央电视台的黄金广告时段进行产品宣传。高密度、连续性、长时效的媒体投放方式，强化了顾客心中对“红罐王老吉”的品牌认知。王老吉逐渐成为国内知名的降火饮料，其渠道及销售终端随之向全国延伸。

3. 终端品牌营销

在终端营销环节上，加多宝公司强化传统经销渠道 POP 广告推广，在传播内容的选择上充分考虑到终端广告要直接激发消费者的购买欲望，以产品包装为主要视觉元素，重点推广一条信息：怕上火，喝王老吉。

加多宝公司与餐饮新渠道合作，针对餐饮渠道进行了大量终端物料的设计与制作。餐饮场所现场提示与王老吉电视广告有效契合。这种针对性极强的促销活动，让消费者对于“红罐王老吉”是什么、有什么用都有更加强烈和直观的了解。彼时，餐饮渠道已成为“红罐王老吉”最主要的销售和传播渠道。

加多宝在为中间商进行促销时，除巩固传统渠道“加多宝营销精英俱乐部”之外，还强化餐饮渠道开发和管控，实施“火锅店铺市”和“合作酒店”方案，以火锅店和酒楼为“王老吉诚意合作店”，并与之进行节假日合作促销。“红罐王老吉”因为给企业提供看得见的好处，所以很快就走进餐饮渠道，成为众多餐饮店推荐的饮品。

“红罐王老吉”强有力的品牌定位与品牌营销，也给加多宝创造了丰厚的收益。2003 年，加多宝销售额同比增长近四倍，从 1 亿多元猛增至 6 亿元；2004 年，加多宝销售额突破 10 亿元，之后逐年爆发。至 2010 年，加多宝已成为营业额超百亿元的大型饮料公司。

4. 重塑加多宝品牌

加多宝公司和广药集团自 2011 年起就“红罐王老吉”商标所有权问题展开了一场激烈的法律纷争，最终以失败告终。如何对品牌进行有效转换，如何将过去依附于“红罐王老吉”的品牌资产进行有效传承与延续，成为加多宝平稳发展的关键问题。

（1）品牌转换。

加多宝于 2010 年快速对其产品品牌进行重新界定，并对其旗下品牌“加多宝”进行同步命名，在不改变产品红罐包装、饮料配方、产品品味等前提下，有效维护消费者对加多宝的品牌认同。同时增加广告投放，通过“同样配方、同样口感”及其他媒体广告提醒消费者加多宝凉茶的品牌切换，增强消费者对新品牌的了解。

（2）品牌竞争。

加多宝对市场品牌的争夺首先是对其他饮料厂商以及对继续拥有王老吉品牌的广药集团的争夺。考虑到与广药王老吉凉茶产品配方及生产品质同质化以及消费群体同质化等问题，不容易与广药品牌王老吉产生明显品牌差异及竞争区隔，加多宝市场危机仍较为严重。加多宝公司为了巩固凉茶饮品领域竞争优势，通过“市场销量第一凉茶品牌”提升加多宝品牌凉茶市场领导地位，通过“王老吉”品牌创始人后代“独家授权”广告宣传加多宝品牌“正宗凉茶”传承地位，通过“我们道歉”等悲情软文赢得消费者情感认同。系列广告与竞争性营销策略相结合，逐渐稳固了加多宝在凉茶市场上的优势。

（3）加多宝携手《中国好声音》共同进行品牌营销。

2012 年，浙江卫视独家原版引进创立于荷兰并在欧美市场取得巨大成功的《荷兰好声音》音乐选秀节目，推出《中国好声音》音乐选秀节目。导师阵容强大，导师学员双向选择模式新颖，节目内容煽情，节目组织专业，凭借超高收视率取得巨大成功。

加多宝于节目开播前，于2012年5月中下旬联系栏目组，并于5月底以6 000万元敲定了《中国好声音》的投资及冠名权。就合作理由而言，从对加多宝品牌经营策略及营销部门领导随后发言的分析中，我们可以看出加多宝对大品牌、大平台、大活动营销模式的追逐。

据市场调查数据统计，《中国好声音》第一季从开播以来一直处于火爆的状态，并继续保持在市场上同类型节目收视率的最高纪录。加多宝的节目冠名，以及节目广告词“在国内销量遥遥领先，红罐凉茶更名加多宝”，加速完成了品牌切换，品牌知名度也伴随《中国好声音》的热播达到99%。与后期商家相比，较大的广告投入、先知先觉的精准市场判断以及大胆的投资，让加多宝节省了不少广告成本。

2012年11月2日，加多宝在历经29次出价后以2亿元人民币报价拿下《中国好声音》第二季独家冠名权。加多宝对《中国好声音》第二季的期望就是要加强和巩固“正宗”的内涵，使“正宗”变成加多宝凉茶最有价值性、联想力的一个标签。利用“加多宝·中国好声音”，实现两大品牌之间的强烈联系，利用电视节目和线下促销强化消费者对两大品牌合作的良好品牌感受，并通过采访、表演等线上线下创意营销加强与消费者的积极互动。2012年，加多宝又策划了“唱·饮加多宝，直达中国好声音”“红罐随手拍”“微信好声音”等线上、线下活动，力求通过公众参与将《中国好声音》打造成《全民好声音》，成为大众娱乐。加多宝还把“你唱我评”搬上了微信，网友们只需上传原声歌曲就可以得到导师们的真声评论，公众也可以体验参与中国好声音的乐趣。

市场数据表明，自2013年7月12日《中国好声音》第二季播出至10月7日总决赛，这段时间，加多宝销售业绩较2012年同期提高了约30%。

2013年末，加多宝以2.5亿元续签《中国好声音》第三季独家冠名权。《中国好声音》经过两年的发展，其影响力已经走出国门。此外，加多宝在品牌建设上还注重和知名媒体栏目的品牌长线合作，更加注重品牌厚度和高度运作。

分析：加多宝品牌定位的成功之处有哪些？

第五章 品牌个性策划

学习目标

知识目标：理解品牌个性的含义、要素，了解如何测量品牌个性和建立品牌个性，能够通过品牌个性量表（BPS）将品牌的个性划分为五个方面。

能力目标：在品牌个性策划方面，能够针对品牌个性中与品牌产品有直接关系的要素、与品牌产品有间接关系的要素、与目标消费者有直接关系的要素进行策划。

素质目标：提升品牌个性策划素养。

知识导图

- 品牌个性概述
  - 品牌个性的含义
  - 品牌个性的要素
  - 测量品牌个性
  - 品牌个性的建立
- 品牌个性策略
  - 与品牌产品直接相关的要素
  - 与品牌产品间接相关的要素
  - 与目标消费者直接相关的要素
- 品牌个性提炼的方法
  - 发掘基于品牌基因的定位与价值观
  - 利用大数据挖掘被动人格
  - 分清品牌性别
  - 找准品牌角色
  - 为品牌添加拟人要素

引导案例

自 MINI cooper 进入市场以来，其独具匠心的营销策略一直是众人瞩目的焦点，每当新车型推出，MINI 必定在头版头条上大放异彩。该品牌不仅在汽车技术领域处于领先地位，而且在小型汽车细分市场中成为首个高档品牌。更重要的是，它采用了现代、时尚、创新的营销宣传策略。无论是在 2008 年北京奥运会期间推出的 MINI 人力三轮车，还是将备受欢迎的大片《偷天换日》打造成自己品牌的宣传电影，抑或是邀请知名侦探小说家薇儿·麦克德米德创作小说《Mission MINI》，并运用营销事件为其写下真实的结局，这些被 MINI 总部定义为“反传统、非常规”的营销方案吸引了众多年轻时尚人士的关注。在他们看来，“传统”是一种过时的东西，而“非常规”则是一种新的思维方式和生活模式，是一种新的消费需求与消费行为。MINI 的兴起，正是为了满足消费者对于个性化消费的需求，这一历史见证了其不断发展壮大。

MINI 最早以个性化、时尚化的改造为手段，吸引了“赛车、披头士、人民艺术家”等与 MINI 品牌历史紧密相连的关键词，从而奠定了其“与众不同、创新、国际化、高端”的传播基调。而 MINI 在中国的营销策略，则直接指向那些年轻、时尚、高消费水平的“潮流引导者”。MINI 通过销售代步工具和生活方式，培养了大量忠诚的铁杆粉丝，并授予他们“机动车驾驶员”的荣誉称号。

当消费者的人格特质被融入品牌定位中时，品牌的独特个性也随之显现。在品牌定位过程中，要使自己的产品和服务具有鲜明而独特的品牌形象，就必须通过品牌定位来确定自己的人格特质，并以此作为品牌个性形成的基础。品牌定位的最终目标在于塑造品牌独特的个性特征。因此，品牌要想成功地进入市场并取得良好的销售业绩，首先必须准确而鲜明地向消费者传递出自己的品牌个性。唯有塑造出一个鲜活的人格形象，品牌才能像熟悉的人一样深入消费者的生活和内心世界。

第一节 品牌个性概述

一、品牌个性的含义

打造品牌个性，是企业品牌定位策略的有效营销方法之一。从心理学角度讲，个性就是多种属性融合在一起形成的一种比较稳定的特殊心理模式。中国古语“蕴蓄于中，行诸于外”可以很好地总结个性的含义，也就是说，个性是人类表里统一的整体。与人的个性一样，品牌个性也是品牌传播过程中赋予品牌心理特征并形成品牌核心价值的性格特征，是对某一品牌使用者性格的类化，它代表着该品牌忠实支持者的人格特征，也是该品牌关系利益人心目中的情感附加值与具体生活价值观。

通常情况下，消费者选择符合自己个性特征、生活方式和价值观念的品牌是由于这类品牌更易使消费者形成品牌联想。一个品牌不符合消费者的性格，再好的产品质量都很难被消费者认知。比如一个爱刺激、爱热情、爱探险的消费者，对讲求安全、舒适与安静的汽车品牌难以产生高度质量感知与强烈品牌联想。所以，打造品牌个性关键在于使其功能性与象征性能被消费者认知与认可。

品牌为市场消费者所认同的过程是由外在标志向品牌形象和品牌个性转化的过程。“品牌个性”是品牌定位的至高境界。品牌个性是较品牌形象更深的一个层次，形象能让目标客户群认可品牌产品，而个性则能塑造消费者对品牌的崇拜。例如：德芙巧克力的品牌个性就在于“丝般感受”的味觉承诺给消费者带来的心理认知。将巧克力的细腻爽滑之感用丝绸描绘出来，具有很高的意境，既运用华美的文字展现了德芙巧克力的纯净口感，又突出了德芙巧克力代表着优雅的性格。

品牌个性本质上是消费者人格的一种延伸，所以消费者人格因素对于品牌个性定位非常重要。只有正确掌握消费者在目标市场上的行为特点，才有可能对品牌个性做出定位。很显然，品牌人格化体现了消费者对品牌的核心思想，它集功能主义与象征主义于一体，是建立在产品与消费者两大因素之上的品牌定位的最终成果。品牌人格和消费人格一经整合，便形成了稳定而持久的消费习惯和消费忠诚，最终塑造了品牌消费文化。

尽管与消费人格一样，每种品牌个性都是独特的，但是每种品牌个性必须要能够代表一类消费人群的共同特质，而非消费者的个人特质。由于只有那些代表消费人群共性的品牌个性，才能不把品牌产品限制在太窄的市场空间中，因此在品牌个性定位中，企业必须深入调查研究目标市场上的消费人格。也就是说，只有提炼品牌个性的广泛代表性，才能使品牌产品在心理上被大多数消费者接受。

显然，是品牌个性的人格化属性特征使其独特而不可模仿，并由此形成核心竞争力。同时品牌个性又具有持续性、稳定性等特征，可以为企业提供长久的竞争优势。任何想要在激烈竞争市场上存活下来的品牌都要遵循市场游戏规则，努力打造让竞争者很难效仿的、给消费者不一样感受的个性品牌。只有那些致力于打造个性化品牌，并且不断创新、提高品牌档次，推出新产品的企业，才能保持市场份额以及开拓新兴市场。

二、品牌个性的要素

品牌个性与消费人格紧密相连，品牌人性化已成为众多知名企业的成功营销策略之一。例如：美国的天堂调味公司是美国处于领导地位的专业茶叶制造企业，它在公司的品牌定位广告中成功塑造了“咖啡先生”的品牌形象。当你向消费者提到“咖啡先生”的时候，人们就会立即联想到“咖啡先生”是一个人，他具有“值得信赖、友善、高效、聪明、成功”的人格特征。由此可见，要想达到较好的传播沟通效果，就应使品牌人格化并塑造其为具有真正人格特征、利于消费者感知与联想的“人”，即思考“如果这个品牌是一个人，它应该是什么样子的”。

品牌个性也可由塑造品牌性别来定位，如前述“咖啡先生”即被授予男性性别角色。在现实市场上，性别作为品牌个性定位之一，不同性别的消费者在消费行为、消费态度等方面存在较大差异性。你经常会看到这样的广告：运动鞋通常都由男性体育明星为其代言，沐浴露则由女性娱乐明星为其代言。

品牌的色彩有时还和一些人格特质有关，比如可口可乐的红色就代表了成功和兴奋；百事可乐的蓝色包含了激情和运动的人格特征；IBM公司始终将黑色作为产品主色调，代表了精密细致和高新技术的人格形象。一般来说，每种色彩都代表了不同的人格特征，而且色彩的人格联想也存在于不同国家或地区、不同文化背景中，所以全球化企业为了唤起消费者对品牌的联想，一般都会将色彩各异的商品引入不同国家或地区。

另外，同一家企业的同一个品牌，在不同环境中会倾力打造不一样的品牌个性。比如，一个位于上海南京路的大商场，比起华联或者农工商之类的连锁店，显然有着更为尊贵的品格；在居民小区里开超市，一进小区，大米、鸡蛋、油盐酱醋随处可见，给顾客营造出家的感觉；开设于中央商务区的品牌连锁超市货架上放着报纸、面包和饮料，给人工作节奏很快的感觉。由此可见，通过对不同品牌风格的呈现，企业可以很好地把握消费者在不同生活状态中的心理变化，并通过迎合他们在不同状态中的个性变化来让他们认同。

三、测量品牌个性

品牌可以用人口统计学指标（年龄、性别、社会阶层、种族）、生活方式（活动、兴趣以及观念）或人的个性特征（开朗、善良、可靠等）来描述。

品牌个性量表（BPS）是研究开发的用来测量和构建品牌个性的指标体系。BPS的开发涉及1 000多名美国受访者，60个知名的、具有鲜明个性的品牌以及114项个性特征指标。当全部样本按年龄或性别细分并使用品牌集合后，真诚（Sincerity）、刺激（Excitement）、能力（Competence）、高雅（Sophistication）和粗犷（Ruggedness）这五大个性要素脱颖而出。这五大个性要素解释了几乎所有（比例高达93%）品牌之间的差异。

为更好地了解五大个性要素的宽度与丰富度，图5－1对五大个性要素的特质进行了较为明确的描述。

图5－1显示了五个主要的个性维度，涵盖了众多强势品牌的性格。如金宝汤、贺曼、柯达等品牌性格以真诚维度为主，李维斯、万宝路、耐克等以粗犷维度为主。但是，正如人们一样，品牌也会有复杂的性格，其中包含着五大个性特征中的各个层面。比如李维

真诚　代表品牌：金宝汤、贺曼、柯达
务实的（down-to-earth）：以家庭为重的（family-oriented）、小镇的（small-town）、大众的（conventional）、蓝领阶层的（blue-collar）、全美的（all-American）
诚实的（honest）：真诚的（sincere）、真实的（real）、道德的（ethical）、周到的（thoughtful）、关爱的（caring）
有益的（wholesome）：新颖的（original）、纯正的（genuine）、永恒的（ageless）、经典的（classic）、古老的（old-fashioned）
愉悦的（cheerful）：重感情的（sentimental）、友善的（friendly）、温馨的（warm）、快乐的（happy）
刺激　代表品牌：保时捷、绝对、贝纳通
勇敢的（daring）：时髦的（trendy）、刺激的（exciting）、不寻常的（off-beat）、光鲜的（flashy）、煽动性的（provocative）
朝气蓬勃的（spirited）：酷酷的（cool）、年轻的（young）、活泼的（lively）、外向的（outgoing）、冒险的（adventurous）
富有想象力的（imaginative）：独特的（unique）、幽默的（humorous）、意想不到的（surprising）、艺术的（artistic）、有趣的（fun）
最新的（up-to-date）：独立的（independent）、当代的（contemporary）、创新的（innovative）、进取的（aggressive）
能力　代表品牌：美国证券交易所、CNN、IBM
可信赖的（reliable）：勤奋的（hardworking）、安全的（secure）、有效的（efficient）、可信的（trustworthy）、慎重的（careful）
聪明的（intelligent）：技术的（technical）、合作的（corporate）、认真的（serious）
成功的（successful）：具有领导力的（leader）、自信的（confident）、有影响力的（influential）
高雅　代表品牌：雷克萨斯、梅赛德斯-奔驰、露华浓
上流阶层的（upper class）：有魅力的（glamorous）、好看的（good-looking）、自命不凡的（pretentious）、精致优雅的（sophisticated）
迷人的（charming）：女性的（feminine）、柔顺的（smooth）、温和的（gentle）
粗犷　代表品牌：李维斯、万宝路、耐克
户外的（outdoorsy）：具有男子气概的（masculine）、西部的（western）、积极的（active）、运动的（athletic）
强硬的（tough）：粗犷的（rugged）、强壮的（strong）、直截了当的（no-nonsense）

图 5-1　品牌个性量表的五大个性要素

斯，在真诚维度上的得分相对较高（位列样本品牌的前 20%），在刺激、能力和粗犷几个人格维度上的得分也名列前茅。麦当劳在真诚和能力维度得分较高。贺曼也许是因为其问候卡片种类繁多，不仅在真诚维度上分数极高，在刺激与能力两方面分数也很高。

将五大个性要素进一步分解为更细致的方面，以说明五大维度的特征及构成要素。图 5-1 给出了 15 个侧面的描述性陈述，真诚维度被分解为务实的、诚实的、有益的、愉悦的 4 个侧面；刺激维度包含勇敢的、朝气蓬勃的、富有想象力的、最新的 4 个侧面；能力维度包含可信赖的、聪明的、成功的 3 个侧面；高雅维度包含上流阶层的、迷人的 2 个侧面；粗犷维度包含户外的、强硬的 2 个侧面。同样，品牌也会跨越多个个性的方面。如贝纳通在最新的以及勇敢的两个侧面上得分较高，而绝对在最新的以及富有想象力的两个侧面上得分较高。

这 15 个侧面指标对于品牌战略的选择有一定的指导意义。能力维度高的品牌，可把注意力集中在聪明的（科技、协作、严肃）方面，而不是成功的（有领导能力、有信心、有影响）方面。在不同的情况下，个性目标与战略运用在不同场合有很大差异。

品牌个性量表还衡量了人们对于同类型品牌所持有的不同态度。个性变量和态度变量之间存在显著相关，并且不同品牌个性和人的态度之间表现出了不一样的联系。对于苹果与美国运通而言，刺激作用与能力个性维度对其态度有积极作用。粗犷维度在李维斯身上表现为积极的促进作用，而在麦当劳身上则恰恰相反，造成了消极态度上的冲击。将梅赛德斯或保时捷视为高雅产品的被调查者更愿意正面看待这类品牌。但是，总的说来，和积极态度关系最密切的个性特征有真诚因素（比如切实、诚恳、纯粹、创新）和能力因素（如可信赖的，有领导力的）。

有些品牌已把纯正性或者真实性视为其品牌核心鉴别因素，真诚因素所具有的巨大作用可在一定程度上说明发生这一变化的缘由。通用公司的一项研究发现，雪佛兰品牌在20世纪五六十年代积累了很好的信誉资产，所以新广告主题为“纯正的雪佛兰轿车”。Jockey内衣采用“真正的Jockey”的定位，以其多年累积的信誉和那些自有品牌竞争者竞争。

刺激是汽车、运动器材、化妆品乃至咖啡等具体产品中起作用的又一个个性特征。20世纪90年代初，福杰仕拥有令人兴奋、聪明和前瞻性强的性格，麦斯威尔则体现出不伦不类和弱不禁风的性格，于是大批顾客从麦斯威尔流失并转向福杰仕。

四、品牌个性的建立

品牌个性对使用品牌产品的消费者而言，是情感附加值，正如我们会因周围某个朋友（或某一品牌）的理性、安静、冷静，把此人（或品牌）和稳重、内敛或者成熟联系在一起。对一些品牌的购买消费行为也会带着与之相关的情感和情绪，比如饮用喜力啤酒所表达的豁达；系上“金利来”领带，生出成功人士的信心；戴比尔斯钻石代表爱与坚贞，正如其广告语所表达的：“钻石恒久远，一颗永流传。”

企业在树立品牌个性时，必须深入研究消费者在目标市场上的人格特质，这是因为品牌个性所具有的价值在于它为消费者构建联想以激发其情感共鸣。品牌个性使品牌产品和目标消费者之间的关系变得更为密切。由于消费者的性格促使他们习惯性地使用和自己性格相同或者相似的品牌产品，当他们所处的生活环境缺少这种品牌产品时，消费者感觉自己似乎缺少了家庭成员。也就是说，品牌个性使品牌产品成为消费者的情感寄托，进而形成消费者对品牌的忠诚。

品牌个性能激发消费者强烈的情感共鸣，这种影响直接形成消费者购买的动机，同时体现消费者本身的人格特征。每个人都具有自己独特的人格特征，他们把不同的价值观当作自己生活的中心：一个人也许会高度地追求对工作的成绩，而另一个人则可能会更加关心自己的家庭、家人和自由。拥有独特性格的品牌能够塑造一个品牌的“人格特征”，和持特定价值观的消费者形成有力的关联，吸引着认同这种价值观的消费者。所以，品牌可通过塑造特定人格形象来满足消费者人格需要，具体说来可分为以下五类。

（一）忠实朋友

谁都有需要向他人倾诉的时候，品牌便能承担起这一作用。假如人们长时间使用某一品牌产品，便会产生一种关系——品牌成了他们忠诚的朋友，是他们生活里不可缺少的成员。品牌既可作为个人朋友，又可作为家庭朋友，如可口可乐就像美国人家中不可缺少的一员。

（二）社会归属

尽管每个人都是独一无二的，但是人的社会性使其渴望拥有一定的社会角色，渴望在社会中找到归属感。这种社会归属感既有现实的又有虚拟的，而品牌选择正好能给消费者带来虚拟社会归属感。如百事可乐带给你“年轻的一代、激情的一代”的社会归属感。

（三）传统怀旧

品牌有时候会给消费者带来传统习俗上的感受，比如儿时怀旧的回忆。品牌一旦被定位为老字号，再辅以广告宣传，对消费者造成的心理冲击就非常大。还记得那则经典的黑芝麻糊广告吗？“一股浓郁的清香、缕缕柔情”给南方黑芝麻糊创造了“温馨怀旧”的气氛，广告片在整个画面、背景、底色、人物装扮以及声音处理等方面，都渲染并营造怀旧气氛。大家看到这部广告片，都会不自觉地被它引领到一个南方小镇上，儿时的滋味、对儿时的回忆深深感染着每个观众。大家在超市里见到南方黑芝麻糊的时候，大概都会回想起年轻时候美好的时光吧！

（四）体验梦想

在残酷的现实生活里，大家都有很多想要实现而又无力实现的梦想。品牌能给消费者带来圆梦的感受，正因为如此，很多品牌才会有明星代言。比如迈克尔·乔丹代言的耐克运动鞋能让很多篮球爱好者有梦想成真之感。

（五）时尚潮流

人人都向往自己能跟上时尚潮流。品牌所具有的时尚潮流性为消费者提供了极大的内心体验，让消费者更自信，进而让消费者的虚荣心得到满足。

另外，品牌个性越强，其应用范围越窄，因此品牌个性不应盲目追求新颖独特，而应该以消费者能接受为前提。比如“海尔”让你马上想起活蹦乱跳、可爱无比的海尔兄弟们，每时每刻都让你感受到“真诚到永远”；麦当劳总是有让人快乐的感觉、高品质的服务、快节奏的生活方式，甚至炸马铃薯条的味道。品牌个性定位作为一项长期而系统的工程，是企业进行品牌定位战略实践过程中的终极结果。所以品牌个性定位不应急功近利，力争既在短期塑造良好的品牌形象，又在长期保持良好的企业形象。

第二节 品牌个性策略

提炼品牌个性的过程是一项高度细腻的创意传播工程。品牌策划人员有必要对形成品牌个性的诸因素进行整体把握和深入剖析，从而提炼本品牌既不同于同类型竞争品牌又与目标消费者个性特征相一致的个性。一般来说，构成品牌个性的要素主要有三大类，即与品牌产品直接相关的要素、与品牌产品间接相关的要素、与目标消费者直接相关的要素。

一、与品牌产品直接相关的要素

正如美国广告大师李奥·贝纳所言："任何一种商品，都有一种先天的戏剧性。"在品牌营销和传播活动中，策划人员应善于发掘和提炼出商品固有的性格。

（一）商品特征

在塑造品牌个性过程中，部分商家根据品牌商品的内在属性，对品牌个性加以发掘与提炼，并达到理想的传播效果。例如：沃尔沃在其汽车商品的内在属性上提炼出不同于竞争对手的特殊性格——安全；宝洁公司出品的舒肤佳香皂依据自己物品的杀菌属性，提炼出让人耳目一新的品牌个性——关爱。

（二）包装设计

包装设计是品牌商品性格的外化。别出心裁地对包装材料、造型、色彩、字体和标志等多种元素进行综合应用，有利于品牌个性的展示和传播。事实上，品牌商品的包装极大地提示并传达了其文化与审美品位。

（三）产品价格

对消费者来说，品牌的产品价格是决定他们是否购买的一个重要因素，与此同时，消费者还会依据品牌商品价格而对特定品牌商品产生一种印象。一个品牌的产品如果以高价作为品牌个性，那么它就可能会在消费者心中产生两种不同的品牌印象：其一是优质、高贵、富有、奢华、精致和奢侈等品牌个性，如路易·威登的品牌个性就是源于其坚持高价格市场营销策略；其二是霸道、高高在上的品牌个性。反之，一个品牌的产品若长期以低价作为自己的品牌个性，就很可能会在顾客心中产生物有所值、亲民、勤俭持家、朴实无华，或便宜落后、粗制滥造、档次不高的品牌印象。比如某款轿车就一直采用低价策略，虽然用了不长时间就占领了低端轿车的绝大部分市场，但这也让该公司部分车型的品牌个性和消费者心中的便宜联系起来。

二、与品牌产品间接相关的要素

在提炼品牌个性的过程中，尽管从与产品直接有关的因素中去发现和发掘品牌个性是比较简便的一种方法，但各种产品内在属性的组成始终是有限的。多数时候，很多商品所固有的属性早已经为同类型的品牌商品所表现，并且已经变成了自己的品牌个性而得到张扬。这时，品牌的个性提炼只能是另一种思路。从间接关系到品牌商品的几个因素来提炼品牌个性可以说是提炼品牌个性的很好的途径。

（一）使用者形象

使用者形象就是商家在进行品牌个性塑造时，把品牌商品的目标消费者所具有的共同特征进行提炼与融合，创造出这一消费者群体普遍认可与喜欢的典型形象，并且把这一典型形象的个性特征纳入品牌个性之中，逐渐形成了特有的品牌个性。

（二）广告风格

广告风格就是商家在广告诉求活动中长期坚持运用同一表现手法而使广告作品具备的不同于同类型品牌商品的特殊表现形式。当消费者把这一广告诉求表现方式和品牌商品构成一一对应的联想后，品牌个性便已牢固地树立在他们心中。

例如：英特尔品牌广告创意经过漫长的传播历程，运用始终如一的视觉表现手法以及同样经典的音乐作品，渐渐形成一种非常有科技感的广告创意，继而使得这种独具气质的广告创意成为其品牌个性所在。

然而，要把特殊的广告风格变成品牌个性必须具备两方面的基本条件：一是这个品牌的产品在年度传播活动中要保持高广告曝光率，二是这个品牌产品广告表现方法与广告传播媒体运用要坚持不懈。否则它的广告风格将无法成型。缺少了独具气质的广告，在此基础上形成的品牌个性就很难建立起来。

（三）上市时间

品牌上市的时间长短客观上会给消费者造成一种不一样的感觉，而这种感觉其实也极大地影响了他们对于品牌个性的根本判断。例如：一个具有悠久历史的品牌，从正面来说，它常常给人一种成熟、沉稳、世故、亲切和可信的总体印象；但若从负面角度来看，这类品牌往往又可能会给消费者留下老旧、守旧、缺乏朝气的负面印象。无独有偶，对投放市场时间不长的品牌来说，既可能给消费者留下青春、新奇、时尚、朝气的总体印象，也可能给消费者留下华而不实、哗众取宠、昙花一现等印象。所以，策划人员要针对品牌上市时间自觉扬长避短，力求提炼更有竞争力的品牌个性。

三、与目标消费者直接相关的要素

既然品牌的价值是由品牌同目标消费者所形成的互动关系决定的，那么企业在对品牌个性进行提炼时，必须深入而细致地研究分析目标消费者所具有的价值取向、审美情趣及品位、个性特征等，从而针对目标消费者所具备的特点提炼出为其所喜爱的品牌个性。在实际应用中，大多数成功的品牌个性都能反映出品牌的目标消费者个性。

（一）价值取向

价值取向就是社会上某一文化背景下的成员对道德与行为的信仰。在人际交往中，价值观常常能把一个人和另外一个人区分开来。在宏观上，价值取向可大致划分为他者主导、自我主导、环境主导三种形态。策划人员在进行品牌传播时，还能把人们的价值取向移植到品牌中去，经过长时间不间断的广告活动逐步形成有独特性情的品牌个性。

经典案例

支付宝

如今，支付宝已不再是一款仅具备理财和支付功能的App，而是一款集多种功能于一体的综合性工具，用户甚至可以在支付宝平台上进行“种树”操作！这到底是怎么一回事呢？

支付宝推出的一项名为“蚂蚁森林”的全新功能，为用户带来更加便捷、高效的使用体验。这个名为“蚂蚁森林”的功能是将“蚂蚁”和“森林”结合起来。用户只需每日行走，并使用支付宝付款，即可获得“绿色能量”，并在“蚂蚁森林”界面上“种树”。“蚂蚁森林”类似一个虚拟的小世界，里面有各种各样的植物、动物和微生物等。当这棵“树”所蕴含的“绿色能量”达到一定程度时，支付宝将在我国阿拉善沙漠的广袤土地上种下一株真正的树！这就是“绿色能量”给我们带来的福音。2017 年，支付宝在阿拉善沙漠地区种植梭梭树 100 万株！这是一种被称为“沙漠植物”的特殊树种，它生长速度缓慢，需要消耗大量水分和养分才能开花结籽。除了进行树木种植，用户还可以利用“绿色能量”为大熊猫生态保护区提供支持。

支付宝所提供的慈善捐款功能不仅限于“蚂蚁森林”，还包括“行走捐钱”等多种形式。通过“行走捐钱”，用户可以向他人提供帮助。支付宝以其积极回馈社会的行为树立了一种具有强烈的社会责任感的品牌形象，从而赢得了消费者的认同和尊重。

支付宝以环境和他人为导向的价值取向，成功地塑造和传播了品牌的独特个性，彰显了其积极的行动和影响力。

（二）审美情趣

审美情趣就是消费者在对事物进行认知和接受过程中，对事物美和丑进行评判时所表现出来的一种兴趣和爱好。很明显，不同消费者因价值取向的差异而在审美情趣上千差万别。不同消费者对同一品牌的评价与选择存在差异，其重要原因之一是消费者审美情态各异。例如：贝纳通品牌个性如此明显，是因为它依据目标消费者（中产阶层）更加注重意识形态领域社会问题的独特审美情趣而提炼出与竞争对手不同的品牌个性。所以，策划人员也要对该品牌目标消费者的审美情趣做深入剖析，力求按照目标消费者审美情趣来提炼更多的容易为目标消费者所接受、认可乃至喜欢的品牌个性，同时也要为商家所推崇。

第三节 品牌个性提炼的方法

一、发掘基于品牌基因的定位与价值观

品牌定位和品牌价值观是企业的根基和产品的核心，也是打造品牌个性的起点。品牌的基本调性应该建立在其定位和价值观的基础上。例如：麦当劳以“我就喜欢”作为口号，成为一个传递快乐的餐厅品牌。它的形象代言人麦当劳叔叔是友好、幽默、风趣的马戏团小丑，给孩子们带来欢乐。麦当劳的品牌定位是一个贩卖快乐的餐厅，所以麦当劳叔叔的形象也是亲切和充满欢乐的。自从 1990 年进入中国市场以来，麦当劳逐渐成为中国年轻人的消费选择。

二、利用大数据挖掘被动人格

在明确品牌定位和价值观后，企业需要了解目标市场消费者的共同特征。利用大数据了解品牌在消费者心中的被动人格非常重要。被动人格是指品牌未主动塑造而在消费者心中自然形成的形象认知，与主动塑造的品牌人格相对。例如：柯达无论怎样塑造自己的品牌人格，消费者脑海中仍会联想到“胶卷”和“冲印店”。

新媒体凸显了大数据的强大力量，我们可以整合庞大的数据，了解消费者的心理，并构建相应的品牌人格。这样的过程既高效又有针对性。

同时，消费者在购买过程中寻求自我认同和价值归属，他们会选择与自己性格和气质

相符的品牌或产品。品牌人格就像一个标签，将自己与其他人区分开来。

三、分清品牌性别

要塑造品牌人格，首先需要确定品牌是男性、女性还是中性。通常情况下，家电、数码、户外、汽车等品牌更倾向于“男性”，强调个性张扬、智慧和冒险的形象；而日常消耗品、生活方式类产品更偏向于“女性”，其品牌人格通常是感性和细腻的。

需要注意的是，品牌性别必须与品牌定位、价值观和调性相匹配。确定品牌性别后，在整合传播过程中要时刻保持一致，包括发布的信息和与消费者互动交流的用语。

四、找准品牌角色

找准品牌角色意味着企业需要确定品牌人格形象在消费者心中扮演的角色，以及与消费者的关系如何，如爱人、朋友、专家等。例如：老师是传授知识的角色，通过自身专业优势满足消费者对文化知识的需求。罗辑思维就是这样一个品牌角色，通过每天定时发送60秒的语音，既可以解决消费者的疑惑，又能拓展他们的知识面。从这个角度来看，品牌角色也决定了变现方式。

五、为品牌添加拟人要素

由于人类在认知事物时具有人格化倾向，消费者很容易将品牌视为人，因此企业如果为品牌添加拟人要素，就更容易激发消费者的感知机制，推动他们对品牌人格的积极解读。添加拟人要素可以是虚拟的卡通形象，如海尔兄弟；也可以是品牌拟人化的名称，如“360品牌管家”。

多感官营销成功案例——上海K11

本章小结

本章介绍了品牌个性的含义、要素、对品牌个性的测量和品牌个性的建立。通过品牌个性量表（BPS）可将品牌个性分为真诚、刺激、能力、高雅、粗犷五个方面，同时，品牌可通过塑造特定人格形象来满足消费者人格需要，可分为五类：忠实朋友、社会归属、传统怀旧、体验梦想和时尚潮流。基于对品牌个性的理解与建立，可对品牌个性进行相应的策划，主要有三个方面：与品牌产品直接相关的要素、与品牌产品间接相关的要素、与目标消费者直接相关的要素。

本章测试

一、名词解释

品牌个性　　品牌形象　　品牌人格化　　品牌价值

二、判断题

1. 品牌定位是品牌个性的基础。（　　）
2. 若品牌不符合消费者的性格，再好的产品质量都很难被消费者认知。（　　）
3. 品牌个性可以根据管理者的想法随意设立。（　　）
4. 品牌个性可与消费者引起情感共鸣。（　　）
5. 产品价格可能会影响消费者对品牌的认知。（　　）

三、选择题

1. 品牌个性的特征是（　　）。（多选题）

A. 持续性　　B. 创新性　　C. 稳定性　　D. 独特性

2. 以下哪个品牌的个性是“刺激”？（　　）（单选题）

A. 多芬　　B. 滴露　　C. 保时捷　　D. 古驰

3. 以下哪个品牌的个性是“高雅”？（　　）（单选题）

A. 苹果　　B. 阿迪达斯　　C. 六神　　D. 露华浓

4. 与品牌产品直接相关的品牌个性要素有（　　）。（多选题）

A. 包装设计　　B. 产品价格　　C. 广告风格　　D. 价值取向

5. 品牌可塑造的人格形象有（　　）。（多选题）

A. 传统怀旧　　B. 社会归属　　C. 时尚潮流　　D. 体验梦想

四、简答题

1. 简述品牌个性的含义。
2. 简述品牌个性的要素。
3. 简述品牌个性可塑造的五种人格特征。
4. 简述品牌个性提炼的方法。

五、论述题

1. 论述构成品牌个性的三大要素。
2. 对应品牌个性量表中的五大品牌个性，分别列举一个相对应的品牌并对其进行分析。

六、案例分析题

小米的个性

小米的品牌个性可以概括为年轻、互联网思维、高性价比的科技引领者。

一、年轻

小米的品牌个性强调的是“为发烧而生”，这吸引了一群热衷于科技和追求高性价比的年轻消费者。小米通过与年轻用户的互动，成功塑造了一个充满活力和创新的品牌形象。小米还通过举办“米粉节”和“小米家宴”等活动，增强与年轻用户的联系和互动，进一步强化了其年轻活力的品牌个性。

二、互联网思维

小米最初定位就是一家互联网公司，而不是一家硬件公司。它利用互联网思维和模式来进行产品开发、销售和用户互动，通过社交媒体、线上论坛和官方网站与用户进行直接交流，通过收集用户反馈来改进产品。小米在营销策略上则积极通过社交媒体平台进行内容营销，推出明星宣传片、有情怀的产品宣传片等。

三、高性价比

小米以高性价比的产品著称，这一策略吸引了大量寻求物有所值的产品的消费者。小米的使命是“始终坚持做‘感动人心、价格厚道’的好产品，让全球每个人都能享受科技带来的美好生活”，这体现了小米在提供高性价比产品方面的承诺和努力。小米的产品定价紧贴成本，通过打造小米产品生态链，打通了产品的上下游，改变了行业面貌，控制了生产成本，成功加速产品普及。

分析：小米是如何确定其品牌个性的？

第六章 品牌文化策划

学习目标

知识目标： 理解品牌文化的定义，掌握品牌文化的基础理论及传播方法。

能力目标： 能够根据品牌特性制定识别系统，执行品牌战略与优化架构。

素质目标： 培养创新思维、战略视野及持续学习的能力，以实现品牌的长期价值和影响力提升。

知识导图

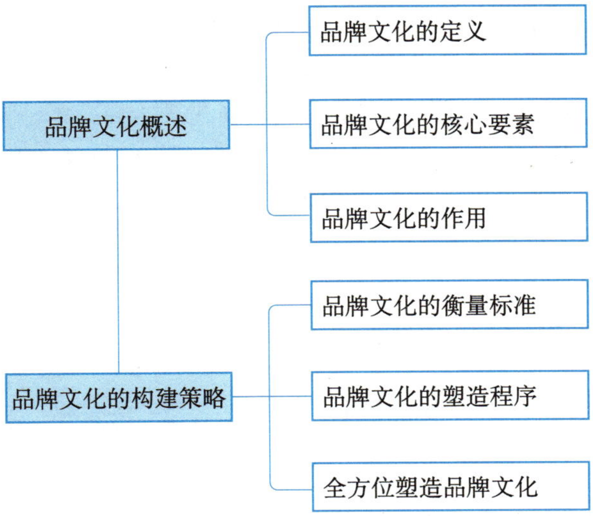

引导案例

近十年来，中国化妆品消费借助各种电商平台快速崛起，新一代年轻消费者的观念伴随着中国经济的高速增长而转变。中国早在2013年就已超越日本成为全球化妆品消费第二大国。中国本土品牌在整体市场规模的扩大下，抢占彩妆市场的势头超乎想象。"国货"彩妆在线上渠道的销售成绩尤为突出：2015年国内线上彩妆市场的销售额还不到100亿元，5年后，这一数据仅天猫和京东平台就超过500亿元。其中新崛起的年轻国货彩妆品牌更是以线上销量第一的成绩力压各大国际品牌。随着中国综合国力的全面提升和经济的迅速发展，"90后""Z世代"等年轻人喜爱国风元素，中国传统文化出现流行化新潮流。国有品牌借潮流之力在和国际品牌较量中寻找发力点。国货彩妆品牌也借着"国潮风"使"东方美学"与"中国风"成为国货彩妆美学的一大卖点。例如：花西子这个新国货彩妆品牌定位于"以花养妆的东方彩妆"，从2017年创立至今，一路破局，2019年销售额达10亿元，2020年更超过30亿元，走出一条几乎垂直增长的曲线。

花西子潜心挖掘中国传统文化和东方美学，在现代时尚中融入传统文化。自品牌创立之初，其就秉承东方美学体系，以花西子的品牌定位为基础，从原料配方到品牌字体等多维度塑造出具有"花西子"风格的产品，打造了其唯一性和专属性。花西子不仅是消费品牌，还是文化品牌。区别于很多国货品牌，花西子另辟蹊径，选择"东方彩妆"这一特殊定位，从中国传统文化中寻找深层次的底蕴，并在烦琐与简约之间寻求一种平衡，继承年轻人比较容易接受的东方美学。其Slogan"以花养妆的东方彩妆"打造了国风彩妆品牌定位及文化属性。花西子"东方彩妆"不只体现在外在设计上，更融合在产品成分与功效层面。在产品设计中，花西子注重中国特色城市与少数民族文化的融合，多以浮雕图案作为差异化视觉表达。在产品研发方面，花西子注重以花养妆，探索中国几千年古方养颜之智，采用花卉精华和中草药提取物作为核心原料，利用现代彩妆研发和制造工艺生产出健康养肤的适合东方女性的彩妆产品。

时下，在国际大牌加持线上的同时，一大批新国货品牌涌现，国货后半段拼的绝对不只是营销，而是商品背后的核心技术。"花""东方"这些核心理念根植于民族之中，吸收了中国文化形象和要素，是花西子最为独特的辨识度。花西子产品与品牌价值理念的长期主义是其跨越经济周期的底气。

第一节 品牌文化概述

一、品牌文化的定义

品牌文化是在品牌发展过程中形成的，蕴含在品牌中的价值观、文化内涵和精神象征等，是品牌的灵魂和核心竞争力所在。品牌文化是一个品牌在其运营过程中逐渐形成的历史积累，它代表着企业与消费者之间的一种利益认知、一种感情归属，是一个品牌同传统文化及企业个性形象之间的总和。

品牌文化将现代社会消费心理与文化价值取向相融合的社会物质与精神形态凝聚在一起。品牌沉淀的文化物质，是指将有利于品牌发展的文化元素，如科技知识、宗教信仰、文学艺术、道德修养、法律法规、风土人情等吸收到品牌各个层面，它们使品牌的文化内涵更加丰富。另外，品牌经营本身是一种社会性的经济活动，但又带有文化性的特点，这种社会性的经济活动本身就是品牌经营的企业在进行品牌发展的同时，也产生了一系列对品牌经营、企业竞争等有重要影响的衍生物——文化现象。卓越的文化使品牌在市场上获得强有力的地位，使消费者认识到品牌的一致性和等同性，以及它所代表的功能。

品牌文化在带来高额利润的同时，也设置了较高的市场进入壁垒。目前，市场竞争早已由价格竞争、质量竞争等阶段向品牌竞争转变，竞争优势主要用品牌魅力大小来表示。借助品牌文化所具有的魅力来获得消费者与社会公众对于品牌的认可，已成为目前一种更高层面、更聪明的竞争新方式。比如成立于 1998 年的 Lululemon，其历史相对于 Adidas、Reebok 等运动品牌来说较短，但其市值仅用 22 年就突破了 400 亿美元。对比一下，Adidas 达到类似市值花了整整 68 年，而 Nike 达到类似市值则花了 46 年。更令人瞩目的是，2022 年 7 月，Lululemon 市值超越 Adidas，成为全球市值第二的运动服装品牌。lululemon 抓住了当代崛起的女性意识，反向营销市场主流审美，主打弱化“身材焦虑症”。在选购过程中，消费者既可以看到符合大众主流审美的模特图，也可以看到体态较胖的模特图，甚至在主页上还可以看到品牌的故事。这些都是 Lululemon 基于女性体育爱好者建立起来的品牌文化。

二、品牌文化的核心要素

（一）品牌的文化内涵

品牌的文化内涵，具体地说是指它所蕴含的深层价值内涵与情感内涵，即凝聚在品牌中的价值观念、生活态度、审美情趣、个性修养、时尚品位、情感诉求等精神象征。

（二）品牌的精神内涵

塑造品牌文化要通过创造商品的物质效用和品牌精神高度契合的完美境界，带给消费者更高层次的心灵寄托，形成一种潜在的文化认同和一种深藏在消费者内心深处的情感依恋。

（三）品牌的符号象征

在消费者的头脑里，自己所偏爱的品牌作为商品的象征，除代表商品质量、性能和特殊的市场定位外，更代表着他们自身的价值观、人格、品位、风格、生活方式、消费模式。他们所选择的商品也不仅仅是简单的商品，而是一种不同于以往的体验，一种特定的自我价值实现所需要的道具。他们对某一产品的认可并不只是一种购买行为，而是对品牌所能带来的文化价值和心理收益的追求，以及对个人情感的释放。

（四）品牌的心理元素

人们对于自己心爱的品牌都会产生强烈的信赖感和依赖感，并融入很多美好的、隽永的回忆，而其品牌选择和忠诚度也不是基于产品的直接利益，而是基于品牌深厚的文化内涵，并以独特的品牌形象和情感因素来维系其与品牌的长期关系。这样的客户很难进行“品牌转换”。这些客户对于一个品牌来说，无疑是优质、创利的忠实客户，也是一个品牌获得财富的源泉。品牌的心理元素的独特魅力在于：在为顾客提供一定效用的同时，还帮助顾客找到理想的人生追求并得以实现。

三、品牌文化的作用

广大人民群众的文化需求随着社会的发展进步和当今社会物质生活水平的不断提高而日益强烈。作为社会人的消费者，正在被抽象文化深刻地影响着具体的购买行为。比如消费者选择什么样的生活用品或者穿什么品牌的衣服，都会受到价值观念、生活方式等方面的影响，然后通过具体的购买行为得到文化上的满足。

将产品独立于品牌的消费理念创新，使得一个品牌名提供给消费者的文化价值要比特定的产品更高。文化价值创造出来的不是产品本身，而是一个只是其特定载体的抽象品牌。这一现象在服饰行业尤为突出。

品牌的文化消费是一种文化现象，它反映了品牌人格化。品牌文化建设非常有利于提升品牌力，甚至提升企业核心竞争力。其原因就在于对某种文化的认同感并不容易被消费者更改。此时，品牌文化便成为与竞争品牌抗衡、阻挡新品牌入驻的一个重要途径。这一竞争壁垒持续时间较长，不容易被打破。

品牌文化有如下作用。

（一）品牌文化能够增强品牌力

品牌文化不仅能较好地实现企业推广这一经营目的，还能有效承载其社交功能。塑造品牌文化的行为从根本上是受制于商业动机，为了追求更大的商业利润，借助品牌文化来提升品牌力。之所以要塑造品牌文化，是因为作为社会人的复杂的个性特征，由于经济文化背景相同，在价值取向和生活方式上具有一致性。这种文化上的一致性为塑造品牌文化打下了客观的基础。

经典案例

运动潮牌 VANS

VANS（范斯）是保罗·范·多伦于1966年创立的原创极限运动潮牌，公司位于美国南加州，以极限运动起家，包括滑板、冲浪、BMX、滑雪等。其以滑板运动为根，在VANS美学中注入生活方式、艺术、音乐和街头时尚文化，形成独特个性的年轻文化符号，成为全世界范围内年轻极限运动爱好者和潮流人士欢迎的品牌。1960年底，VANS由于鞋底的抓地性和耐磨性极佳，很快得到了冲浪者和滑板发烧友的青睐。从那时起，滑手们就开始穿VANS的鞋，VANS也成为南加州以及全世界年轻文化的象征。VANS品牌标志如图6－1所示。

VANS®
"OFF THE WALL"

图6－1　VANS品牌标志

“我们把鞋底加厚，比普通鞋厚一倍，比较耐磨。同时，在不添加其他任何材料的情况下，我们还使用了纯生胶水作为鞋底，以保证鞋子的品质。”这使得VANS专业滑板鞋品牌的地位坚不可摧。华夫鞋彻底成为滑手必备的专业装备之一。滑板界元祖级人物Tony Alva是第一个做出空中“OFF THE WALL”动作的滑手，对于粉丝来说，这个词表达了独特、有个人风格、敢于尝试的意思。1976年后，VANS鞋跟开始采用“OFF THE WALL”的Logo。作为极限运动的象征，“OFF THE WALL”是VANS品牌的标志，它表达的是一种创新和自我风格张扬的精神，代表着极限运动和年轻文化。

（二）品牌文化可以加快目标消费者的转换

“社会人”这一概念是由行为科学的代表人物梅奥和罗特利斯伯格提出的，即除了物质需要，人们还有社会心理需要。建立品牌文化，消费者既能得到文化上的满足，又能享受到商品带来的物质实惠。在这样的背景下，细分市场有时也会以文化为本位来进行细分。企业的品牌文化是在对产品功效和品质张扬的同时满足消费者的精神需求。只有在产品中推行品牌文化，让消费者看到产品的美好形象，才能形成购买行为。同时，在社会效益、弘扬优秀文化、倡导正确价值观、促进社会进步等方面也要兼顾品牌文化建设。

（三）品牌文化凝聚和扩大了品牌忠诚群体

消费者是否忠诚于品牌，除取决于产品和服务是否优质外，还取决于品牌管理是否能够有效地浓缩品牌文化和精神内涵，引导消费者态度、理念和价值观正向转变。企业品牌管理者要推动消费者品牌忠诚由不坚决逐步过渡到坚决；在认可度上由转移性转向稳定性，以致成为一个具有高价值和高市场潜力的顾客群体。品牌管理和客户关系管理完美匹配，让消费者沉浸于符合品牌联想、积极向上的现代生活情趣氛围中，让消费者通过运用品牌产品或者接受一定的服务实现物质上和精神上的双重满足。

现在市场竞争越来越激烈，各个品牌之间的差异越来越小。为了让消费者能够从众多品牌中清晰地识别出某个品牌，品牌必须拥有一种特别的文化，这叫作品牌文化差异策略。文化差异一旦得到目标消费者的认同，对品牌力的提升就会十分有利。

（四）品牌文化是品牌的标志和灵魂

21 世纪是知识经济的时代，品牌是企业走向市场的通行证，文化是品牌最重要的标志，也是品牌最重要的灵魂。品牌在市场竞争中离开了文化的灵魂就活不下去了。做品牌，如果只注重有形投入，而忽视了文化投入，就做不出真正意义上的品牌。一个成功的品牌，应该是品质和文化结合在一起的。企业之争就是品牌之争，而品牌之争其实就是品牌文化之争。顶尖企业对品牌文化价值高度重视，在产品设计、款式、商标、生产、营销、服务、广告宣传等各个环节都力求在文化上加大投入。这些企业能够创造名牌，很重要的一个原因就是在品牌创建的整个过程中花了很大力气去注入文化。产品的属性需要以品牌的性格表现出来，为了提高产品的“含金量”，就要提高品牌的“文化势能”。变无形文化价值为有形品牌价值，变文化财富为企业竞争资本，让产品在竞争激烈的市场上更具生命力。

用户和品牌站在一起并肩前行，能够让用户零距离地感受到什么是真正意义上的品牌文化。这样的情感可以打开用户心里的共鸣开关，让用户对品牌价值产生认同，最终完成内容与用户的深度交流。在用户群体中分享传播品牌，既为品牌营销提供了足够的壁垒，也完成了用户的自我表达，实现了品牌文化的输出。

产品离不开文化，品牌也离不开文化。品牌文化既是企业形象的核心，又是产品形象形成的基础，还是消费者对于品牌的认知。企业品牌文化只有被消费者熟悉、认同、接受，才有可能建立品牌。品牌文化是质量与文化、物质与精神的高度结合。文化既是品牌的生命，也是产品的精华。

（五）品牌文化是对传统文化的继承

传承和吸收优秀文化，让品牌具有领先属性。人对于知名品牌的信任体现在其对于某种文化的认同甚至热爱上。品牌文化是由市场确认过程中积累起来的丰厚文化内涵构成的，知名品牌能够成为民族、国家的自豪。从这一意义上说，文化使知名品牌变成了蕴含一定企业精神甚至民族素质的载体，因而能使其取得较大的品牌效益。

第二节 品牌文化的构建策略

企业要参与市场竞争就必须塑造品牌文化，但这还远远不够。为了使企业能够持续发展并使品牌充满活力，品牌必须塑造与以往不同的人格。产品易于仿冒、假冒，品牌文化个性却难以仿冒。对于一个品牌来说，如果把产品质量、特色和设计这些元素看作它的四肢，那隐含于这些元素中的文化就是它的大脑。品牌就是要通过自己的文化来获得消费者以及社会公众认可，继而提升品牌形象并推动产品销售。

此外，品牌市场占有率及竞争力与其个性化品牌文化密切相关，而商品市场占有率与其附加值成正比关系。知名品牌的商品附加值很高，它的源头自然就有着特色品牌文化的根基。比如曾经很火的松糕鞋（一种女式厚底鞋），这种鞋从实用的角度来说，既笨拙又不利于行走，而且穿着这种鞋也不利于脚部的肌肉生长，但其市场却越来越大。究其原因，是厂家在该鞋履品牌文化中融入了“cool”文化，称穿上该鞋很酷炫、有个性，能够充分展现现代女孩子的性格与气质。这种特殊的品牌文化让这款缺乏实用价值的鞋款变得风靡一时。松糕鞋的流行说明消费者对品牌文化的要求也越来越高。消费者认为：我们并没有去麦当劳吃快餐，只是欣赏麦当劳的饮食文化；穿着皮尔·卡丹就是穿着法国优雅的服装；戴上金利来领带因为这是男人魅力的化身。而商家也在宣传自己：“我们不卖货，卖的是具有自身特色的品牌文化。”它不仅从某种意义上描绘了竞争智慧，更塑造了个性化品牌所蕴含的文化意义。

品牌并不在于产品和服务本身，而在于给人留下的想象与感受。品牌之所以能存活下来，主要是因为它具有个性化品牌文化。

一、品牌文化的衡量标准

（一）品牌文化的适宜性

品牌应塑造正确的文化内涵。首先，这一文化应与商品或服务的特点相一致。产品各有其特点，比如用于何种情景、能够为消费者提供哪些好处等。品牌文化只有和产品特性相匹配，消费者才会感到自然和可以接受。有时，品牌经营者会采取品牌延伸策略——在一个品牌之下拥有众多种类的商品，此时就必须把握商品的共性。其次，这一文化应与目标市场消费群体特点相一致。品牌文化应该在目标市场消费群体身上发现，并通过对其思想心态、行为方式等进行全面审视来获取。唯有如此，这一品牌文化才能被目标市场消费者接受，品牌力才会得到提升。

（二）品牌文化和时尚文化

对于某些产品而言，非常适合将时尚内容导入品牌文化中，比如服饰和运动产品。时尚就是一段时间里为数众多的人对于某种情趣、言语、观念和行为等规律的追逐。怎样引领一种品牌时尚，简单地说就是对消费者心态进行剖析，通过物品来释放消费者情感，调动公众参与其中的积极性。提倡品牌时尚，最重要的途径之一就是借助名人、权威等因素的影响。由于名人和权威是大众注意和模仿的焦点，因此有利于迅速提高大众对品牌的信心。当然，选择明星做广告也需慎重，通常应兼顾明星、权威、品牌三者的关系。此外，还应该设法把时尚转变成人们稳定生活方式中的一环。由于时尚是一个特定时期内的社会文化现象，随着时间的推移，时尚的内容将发生改变，因此在借助和创造时尚的同时也应考虑时尚的消退性。一个有效的措施是在某种时尚达到高潮时就有意识地转换营销策略，引导消费者将这种时尚转化为日常生活的一部分。例如：自从雀巢咖啡传入我国兴起咖啡时尚至今，饮用咖啡已成为很多人的生活习惯。

经典案例

雀巢咖啡

20 世纪 80 年代，雀巢咖啡打开了中国市场，凭借一句“味道好极了”的广告语从此声名大噪。随后，雀巢咖啡的产品品类不断扩展，覆盖了咖啡消费人群的各种场景需求，涉及多个品类，如即饮、浓缩液、挂耳、咖啡豆。2019 年，雀巢咖啡推出特调果萃系列。雀巢咖啡特调果萃系列主打年轻一代对新派咖啡口味的青睐，结合夏季、户外派对、潮流手办等关键元素，突破传统组合“咖啡＋牛奶”，打开“咖啡＋果汁”的新需求市场。

在中国咖啡市场不断扩大的当下，雀巢咖啡深刻迎合了年轻人的消费特点：在喝咖啡的时候，不仅注重口味，更注重情感表达。特调果萃新品包装以“‘椰’要上岸”“‘莓’科可挂”等咖啡语录，精准传递了年轻人“遇事不解，来杯拿铁”的“喝咖”态度。特调果萃新品包装在口味创新上将真正的桃汁、椰浆、草莓汁与咖啡融为一体，带来多款特色果萃产品，如生椰拿铁等。

雀巢咖啡一直以文化偏好关注和贴近年轻消费者的消费习惯。为更好地服务消费者，雀巢咖啡积极推进数字化改造进程。除消费者调研和盲测之外，雀巢咖啡还将在社交媒体上获取其他产品业务的灵感和创意，并以全球化趋势切入潮流腹地。此次特调果萃系列拿铁，以新鲜独特的风味和情感互动，聚焦年轻消费者对咖啡口味多样化、品质化的追求，抓住新生代咖啡消费受众的心智。

作为百年品牌，雀巢咖啡为了深入链接千禧一代消费者，不仅在口味上坚持创新，更持续渗透国潮音乐、说唱文化、偶像选秀等多个受“Z世代”欢迎的领域。例如：与落日飞车跨界合作《coffee’s on me》MV，入驻职场综艺《令人心动的offer》，与防弹少年团合作“咖啡语录表情包”。雀巢咖啡将年轻人的感官喜好聚焦于各个潮流领域，并实现与消费者的双向奔赴。

（三）品牌文化和民族传统文化

品牌文化同民族传统文化息息相关。在品牌文化中加入优秀的民族传统文化更容易引起公众共鸣。简言之，品牌文化传承优秀的民族传统文化，既要与民族审美情趣相契合，又要兼顾民族接受心理，还要注重本质。一般来说，如果一个品牌文化想要被广大目标消费者认可或者追求，就应该尽量贴近他们的生活，哪怕只是他们生活的某个环节。

二、品牌文化的塑造程序

在个性化品牌文化理论体系的形成过程中，品牌文化的培育是指要求并推动企业全体员工及相关人员遵循以企业具体品牌为基础的经营理念、价值观与行为准则等，以此来提升企业与员工的品牌文化意识的过程。

品牌管理通常有以下程序：

（1）品牌评估。

（2）品牌定位。其包括：企业的品牌定位是什么？如何向消费者提供最大价值？

（3）品牌规划。这是指怎样策划品牌。

（4）个性化品牌文化塑造。

（5）品牌优势。其包括：怎样培育、创新品牌文化以及如何保持与增强品牌个性化的优势？

塑造个性化品牌文化时需要充分凸显其个性化特色。很明显，在塑造个性化品牌文化这个环节中，企业的宗旨就是建立信念与行动。企业一定要保证每位员工对企业品牌的理解，并保证其行为经过正规培训并得到加强，从而达到理想品牌认知度。这一点要求企业在个性化品牌文化培育过程中以及工作结束后，把握好影响个性化品牌文化落实的每个关键因素，并充分凸显品牌文化个性化特色。

顶级企业品牌历久弥新的主要原因是它具有积极而个性化十足的品牌文化。所以企业只有选择符合自己个性化特点的产品，才能对自己的目标消费群产生最大化的正向效应。与其他事物一样，品牌文化所具有的个性化特征也应该与时俱进，这样才能满足消费者多变的要求和渴望。塑造品牌文化的程序是：

（一）明确目的

明确塑造个性化品牌文化的目的，以便使品牌在消费者心中具有与众不同的特征。

（二）制定和完善一份书面计划书

（1）拟定原则；（2）确立目标；（3）拟定品牌沟通计划书；（4）完成个性化品牌文化培育计划书。

（三）决策和实施

（1）决定如何使用和突出品牌文化的个性化特色。（2）制定一份书面的品牌战略方针，详细说明在接下来的一段时间内如何对个性化品牌文化进行全面提升。

任何一项计划在执行过程中都会遇到的困难就是如何激励员工，使大家做到众志成城。同样地，个性化品牌文化塑造方案的顺利执行需要每一位员工和合作伙伴对文化建设的了解和支持。形成个性化的品牌文化，最基本的前提是营造气氛和工作环境，激发员工转变思维，全面接受新的理念和方法。个性化品牌文化的树立，需要通过扎实持久、富有激情的方式来完成，是一项系统工程。要想对企业各个层面的员工施加影响，让他们充分认识和接受品牌文化中蕴含的内涵，必须要有周全、周到的执行计划。打造个性化品牌文化最基本的前提是：企业管理者要营造激发员工转变思维方式的氛围和工作环境，使员工全面接受新方法。

三、全方位塑造品牌文化

品牌文化在市场竞争中已逐渐占据了主流地位，它支配着人的行为方式，决定了人的生活观念。人们在鉴赏、选购和使用各类商品的过程中，都会感受到各品牌的品牌文化。塑造个性化的品牌文化，不仅需要企业将文化意识、文化观念渗透到生产经营管理之中，创造良好的文化氛围，还要从各个方面塑造品牌文化个性。

全方位塑造个性化品牌文化既要让品牌文化中蕴含特有的文化元素，又需要员工生产技术娴熟精湛、服务态度热情体贴、不断强化文化修养。品牌文化就是浓缩于品牌之中的经营观、价值观和审美观等观念形态和经营行为的总和。品牌文化不是产品本身，但却是产品体现出来的文化和情感；它不在品质，而是在品质意识上；它不叫服务，而是贯穿于服务之中的一种服务理念与艺术；它不在营销，而在营销理念与道德。简单地说，品牌文化就是一个抽象的概念，它超越了实体，同时又是一个具有丰富内涵的复杂文化体系。塑造个性化品牌文化需要将其中蕴含的商品文化、品质文化、服务文化和营销文化分别树立起与他人不同的人格。

（一）塑造个性化的商品文化

商品文化在品牌文化中占有举足轻重的地位，个性化品牌文化塑造要求个性化商品文化。消费者比任何时候都更关注商品在心理和感情方面因其文化内涵而产生的满足感。同时，日新月异的科学技术与信息时代的来临，使商品趋于同质化，同等级商品在性能上的差异越来越小，这也是高消费者关注商品文化内涵的另一个重要因素。个性化的商品文化内涵给了品牌特殊的灵性，让消费者在消费之余也有了心理体认的过程。

专家研究发现，可口可乐与百事可乐在口味上并无明显差异，差异在于其独特的品牌文化带给消费者不同的心理感受，这种感受恰恰是借助品牌所具备的文化内涵，由企业创造出来的。可口可乐背后是“爱和平”的文化思想，而百事可乐则是“新生代”的象征。个性化的品牌文化通过与人们心理契合，引导人们寻找自我，获得商品消费过程中的心灵寄托和心理共鸣，营造出一种特殊的文化氛围——精神世界。正因为有了这种个性化的商品，商品才不再只是使用价值，而成为一种文化价值，成为一种生命。商品文化个性化内涵使得品牌在消费者心中具有一种特殊含义，与定义的消费者群体相对应。百事可乐定位为“选择新生代”等概念，其目标消费者主体为青少年消费者以及中老年人当中仍然希望保持青春活力的群体。品牌若无视商品文化而不加选择地延伸到不同目标市场中，必然会遮蔽乃至损害其文化内涵。

（二）塑造个性化的服务文化

卓越的服务文化也包含在优质、个性化的品牌文化之中——服务本身也是资源的一种。品牌竞争中，服务竞争是最重要的方式之一。顶尖企业无不重视品牌服务文化。优质的个性化服务文化既包括服务热情、服务规范，也包括能反映出先进服务理念、真诚服务精神以及特有服务艺术的超前文化。

塑造个性化的服务文化，一是要树立先进独特的服务理念。一个企业能不能提供令顾客满意的品牌服务，不仅要看其有没有健全的服务网络和熟练的服务技能，还要看其有没有超前和独到的服务理念。更进一步说，一个企业是否具备完善的服务网络和其他硬件设施，还有赖于其服务理念的引导。先进独到的服务理念才是塑造优秀品牌服务的关键，如海底捞秉承“服务第一”的理念，以创新为核心，一改传统的标准化、单一化服务，倡导个性化的特色服务，以“用心服务”为基本理念，致力于为顾客提供“贴心、温馨、舒心”的服务。“海底捞服务的 86 个细节”“海底捞的服务有多贴心”等都成为社交媒体的讨论热点。服务员的“保姆式”服务，从踏入店门的那一刻起便贯穿始终。高唱《生日歌》让顾客不再孤单，“带孩子”服务让顾客在火锅店也能享受到“二人世界”，“免费续饮”“网红调料服务”充分刺激顾客的味蕾，“代打游戏”让顾客变身“游戏高手”，“美甲服务”也吸引了无数顾客争相排队……海底捞以顾客为中心，真正做到满足顾客需求、超出顾客预期，时时为顾客制造惊喜与感动。

塑造个性化的服务文化，也需要塑造个性化的服务艺术。服务既是经济行为，也是文化行为。将独特的服务理念内化为消费者认知的服务措施也需要精湛的服务艺术。一是服务应能够体现丰富的内容与感情，在不知不觉中形成高雅感与亲和力，实现品牌形象提升；二是企业应善于捕捉消费者潜在的消费需求并提供符合其潜在心理预期的服务；三是个性化品牌服务文化的塑造也要不断创新，推出具有新特色、超出消费者普遍心理期待、打动大众的好服务。

（三）塑造个性化的质量文化

没有优秀的产品质量就不可能有品牌参与市场竞争，而质量就是品牌的生命线和品牌文化强有力的支撑。塑造个性化质量文化，首先要树立隐含在产品之中的个性化质量意识。产品质量其实就是企业质量意识、伦理观念等在物质层面上的体现与反映。只有具备了质量意识，才会有产品质量。硬件要素如先进技术和精密设备虽然对产品质量有显著影响，但是却无法从根本上解决质量问题。企业从根本上解决质量问题时，必须坚持以人为本的原则，从观念形态上引导人们从实践出发来寻找解决问题的方法。

美国哈根达斯冰激凌畅销全球。公司在各个环节都进行了严格的把控，以保持始终如一的卓越品质。公司会派专人严格把关，质量好的原料才会选用，每一批哈根达斯冰激凌都要经过多次品质检测才能出厂。这种严谨而独特的品质意识，让哈根达斯冰激凌风靡全球。

塑造个性化的质量文化，第二步就是要树立包含于产品之中的质量理念。质量理念就是指企业对于什么是质量以及怎样评价质量这一系列问题所持有的观点。传统质量评判标准将质量视为厂商所设计、控制并以技术标准衡量；先进的技术和合格的产品等于优质的产品。然而品牌是否能为消费者所接受还要看消费者对于某一商品的整体感觉。品牌文化所具有的魅力就植根于消费者对它的认可与忠诚中。因此，消费者是商品品质优劣的最终裁判，而使他们满意则是把控品质的关键。

（四）塑造个性化的营销文化

一个高明的营销活动，是在以买手经济为特色的市场条件下，为品牌与消费者牵线搭桥。营销文化是引导企业进行营销活动的思想和理念，是营销战略中潜藏的深层次诱因。从不同的角度分析，营销在营销思想和道德层面都有一定的区分。要想塑造一个优秀的品牌，打造一个知名的品牌，一定要从“我们卖货”这个狭窄的圈子里走出来。比如，柯达给出的答案是：“你按一下快门，其他的就交给我们来打理。”这说明柯达很好卖。海尔给出的答案是：“先把信誉卖出去，再把商品卖出去。”企业在营销中要重视销售这一理念，因为科技发展迅速、竞争加剧，产品质量差异缩小。

经典案例

“NO BODY IS NOBODY”主题广告

2020 年三八妇女节，NEIWAI（内外）以“NO BODY IS NOBODY（没有一种身材，是微不足道的）”开启真实多元之美的探索之旅。2021 年，这一项目继续深入，以“NO BODY IS NOBODY（微而足道，无分你我）”为新起点，真正从女性视角，呈现当代亚洲女性的自我认同与集体力量。影片用镜头去呈现每个不同女性身体的故事，晒痕记录着光如何倾洒于身体、生长纹是青春期蹭蹭长个儿的标记、天生的雀斑和肤色……内外最后落脚“独特的身体，微而足道；女性的力量，无分你我”，鼓励女性勇敢拥抱自己、允许自己，作为这样的自己存在。据悉，内外现已开启全新公益项目“内外云朵计划”，将新款云朵无尺码系列部分产品收入的 1% 捐赠给中国妇女发展基金会，用于支持“母亲邮包”“她创业计划”及“超仁妈妈”项目，帮助中国女性发展与成长。

确立营销的价值取向是建立营销理念的第二个层次。企业要建立整体的营销文化，最终导向是品牌价值。品牌营销既是经济产业，也是企业的社会行为之一。企业对个性化营销文化的塑造不能仅仅从经济标尺上考虑，还要从营销道德上考虑。道德理念是获得社会绝大多数成员接受和认可的评价标准，而品牌文化也只有达到这一标准，才能为其打造更高的美誉度和个性化，从而树立良好的品牌形象。虚假广告、制假售假、制造价格骗局等一些违背社会公德的现象，不但不被广大消费者接受，反而会遭到社会的唾弃。

《冰糖炖雪梨》
媒介创新案例

本章小结

本章介绍了品牌文化的定义、核心要素及作用，当今社会物质生活水平不断提升，广大人民群众的文化需求越来越旺盛，品牌文化发挥出日益强大的功能，包括增强品牌力、满足消费者文化需求、提高品牌忠诚度、成为品牌标志和灵魂等。因此，在建构品牌文化时，应注重全方位的塑造，塑造个性化的商品文化、服务文化、质量文化和营销文化。

本章测试

一、名词解释

品牌文化　　消费观念创新　　商品文化　　服务文化

二、判断题

1. 品牌文化是一个品牌在其运营过程中逐渐形成的历史积累，是一个品牌同传统文化及企业个性形象之间的总和。（　　）

2. 品牌文化在带来高额利润的同时也设置了较高的市场进入壁垒。（　　）

3. 品牌的文化价值是由产品本身创造的。（　　）

4. 品牌市场占有率及竞争力与其个性化品牌文化密切相关，而商品市场占有率与其附加值成反比关系。（　　）

5. 塑造个性化的品牌文化，不仅需要企业将文化意识、文化观念渗透到生产经营管理之中，同时还要从各个方面塑造品牌文化个性。（　　）

三、单项选择题

1. 品牌的文化内涵，具体地说是指它所蕴含的深层价值内涵与（　　）。

A. 情感内涵　　B. 生活态度　　C. 审美情趣　　D. 个性修养

2. 品牌的文化消费是一种文化现象，它反映了（　　）。

A. 品牌力　　B. 品牌人格化

C. 品牌忠诚群体　　D. 对传统文化的继承

3. 品牌之所以能存活下来，其核心在于（　　）。

A. 产品　　B. 服务　　C. 文化　　D. 营销

4. 一个成熟的品牌能站稳脚跟并且借此有其稳定长久的消费群体是由于其（　　）特点。

A. 产品　　B. 服务　　C. 个性化　　D. 营销

5. （　　）产品非常适用于将时尚内容导入品牌文化当中。

A. 服饰　　B. 食品　　C. 车　　D. 酒

四、简答题

1. 如何理解品牌文化？

2. 品牌文化对于一个品牌的重要性在哪里？

3. 品牌文化的衡量标准是什么？

4. 品牌文化是如何加强品牌力的？

五、论述题

1. 全方位塑造品牌文化包括哪几个方面？如何进行塑造？

2. 如何理解当下消费者越来越重视品牌文化？

六、案例分析题

观夏品牌文化塑造

观夏，一个成立于2019年的国产香薰品牌，在几年的时间里已经成为国内商品流量的新宠。品牌取名“观夏”是因为夏天是几位创始人最喜欢的季节，万物生机勃勃。2017

年，创始人团队坐于苏州留园长廊，透过八棱花窗眺望，深深为“静观夏日”的氛围所感动，品牌名称由此而生。观夏秉承“挖掘中国人记忆中的意境情结，唤回中国人对东方文化的自信与兴趣，做好原创东方植物香”的品牌理念，已成为目前市场上国货品牌中与东方文化脉络联系较为紧密的一家。

与追求“繁复、跳跃、欢腾”的国潮品牌风格不同，观夏将东方元素与新摩登主义巧妙融合，化繁为简，将静谧内敛的东方气韵发挥到极致，如在产品包装上去除繁复的装饰纹样，转向运用东方写意风格的大片留白，并点缀以昆仑煮雪、颐和金桂、书院莲池、梅水煎茶等诗意化产品命名（见图 6－2），以契合香气与意境，唤醒中国人心灵图腾中对于东方气质的想象与追求。

图 6－2　观夏的产品设计

除了产品设计，观夏还摒弃了传统零售空间的玩法，将线下零售空间改造成一个展示和社交的平台，引领消费者身临其境地感受东方美学理念。比如旗舰店“观夏国子监四合院”，这座四合院始建于清朝中期，接手初期已经破败。围绕“取舍”的理念，品牌用了一年的时间对这座四合院进行了修缮。现在的庭院屋顶保留着用传统“压六露四”的方式铺贴而成的刻有方胜纹和花卉纹的老瓦当。观夏将物产陈列艺术划入不同的庭院，宾客可闻香、听音、引风、食果，品味东方文化之美。

1. 东方故事：香气背后的无限遐想

观夏的品牌英文原名为“tosummer”，可以解释为“致夏天”或者“到夏天去”，鼓励人们去拥抱热烈、绚烂、葱郁的夏天。消费者可以从“tosummer”的浓烈情感能量中牵引出与香气所联结的无限想象空间。

在观夏的公众号上，每一款产品都有一个属于它的故事，这些故事通常都带有东方意象，与香气有关，并配以精美的图片，从而营造出一个只属于东方的香气的能量场域。如“白松系列游云融蜡灯”（见图 6－3）的故事，源于主理人冬天时到京都山间旅馆客居的一段经历，他从雪、松、天、云的自然景物中感悟到郭熙在《林泉高致》中的所感，“世之笃论，谓山水有可行者，有可望者，有可游者，有可居者。画凡至此，皆入妙品。但可行可望不如可居可游之为得。何者？观今山川，地占数百里，可游可居之处十无三四，而必取可居可游之品”。于是他提出了新产品“为身中的‘松’‘云’寻找安身之所”的概念。

图 6-3 游云融蜡灯

2. 东方生活：独居、孤独与自我成长

观夏不想局限于只做东方香的产品，而是要在当代都市生活和传统文化中找到一个衔接点。庞大的独居群体带来了“孤独经济”的风口。特别是在大城市中打拼的独居年轻人，他们身体承受着高强度、快节奏的工作，心灵无比向往个体精神的自由欢愉，他们积极探索着婚恋之外的精神愉悦方式，倡导悦己型消费，追求颜值和性价比，其为孤独买单的消费现象有力推动着孤独经济的发展。

3. 品牌使命：从东方香气到东方世界

在品牌创立的第四个年头，观夏走向品牌发展的重要转折点，开始探索品牌香气与东方建筑、技艺、器物之间的深度联系，试图拓宽品牌对东方历史文化的理解维度，对东方香气的诠释也不再拘泥于东方香气本身。基于这一点，观夏推出了“方凹”这一美学器物品牌。品牌旨在以独立出版物等方式为广大设计师、艺术家、工艺美术师提供一个展示作品的平台，将东方器物文化的魅力传递给消费者，如瓷器、漆器、琉璃、竹编等产品。通过“方凹”，观夏从一个诠释生活方式的私人空间开始，逐渐走向传承东方文化的国际舞台。以“方凹”平台为支点，从观夏品牌发出声音，以吸引更多中国优秀品牌和企业家加盟，为走向世界的东方文化美学源源不断地输送养料，是观夏品牌使命的重要一跃。

分析：观夏在品牌文化塑造方面的成功之处有哪些？

第七章 品牌视觉策划

学习目标

知识目标： 理解品牌视觉识别系统设计原理与品牌美学。

能力目标： 培养设计标志及视觉元素的创意、应用及评估能力。

素质目标： 树立创新意识、提升团队协作和服务精神，以及强化审美与实践结合的综合素养。

知识导图

- 品牌视觉设计
  - 品牌视觉的界定
  - 品牌视觉要素
  - 品牌视觉的功能
- 品牌名称设计
  - 品牌名称的定义
  - 品牌名称的设计原则
  - 品牌名称的设计策略
  - 品牌名称的命名方向
- 品牌标志设计
  - 品牌标志的重要性
  - 标志设计的表现形式
  - 标志设计的作用
  - 标志设计的原则
  - 标志设计的方法

引导案例

2017年创立的瑞幸咖啡（Luckin Coffee）是中国本土咖啡品牌。“让每一位顾客都能轻松享受一杯好喝又实惠的咖啡”是瑞幸咖啡的品牌愿景。瑞幸咖啡通过打造“无限场景”运营模式——旗舰店、悠享店、快取店以及主题体验店等四种不同形态的店铺，实现对更大群体的覆盖；与此同时，还实现了高效配送服务，为顾客提供优质服务。“把瑞幸变成每个人日常生活中不可或缺的一环”是瑞幸咖啡当前的新零售模式。瑞幸咖啡在2021年底的门店总数已经高达6 000多家，成为咖啡连锁品牌中在中国市场上的老大。

“鹿头”这一造型在瑞幸咖啡的品牌Logo中被采用为主要视觉形象，这是因为鹿在远古时代代表着吉祥与幸福，同时也象征着活力、尊贵与优雅，这种高品质生活的表达方式也与瑞幸咖啡的目标客户群相契合。

劳拉·里斯曾在《视觉锤》一书中指出：如果进入某一类别比较早，那么就可以通过占领某一种颜色来建立自己品牌的口碑。瑞幸咖啡的色彩设计一改以往市场咖啡品牌惯用的绿色、白色、棕色、黑色，在视觉色彩上选择以蓝色为主，搭配白色鹿头与大面积蓝底，造型简洁，视觉冲击力强。此外，瑞幸咖啡塑造了“小蓝杯”的视觉形象，在长期的推广下，瑞幸咖啡成为占据受众头脑的视觉锤，而这款蓝色视觉锤与鹿头形象提升了瑞幸咖啡的品牌影响力，塑造了品牌印象。

瑞幸咖啡对此进行了营销推广，移动终端以App形式投放商品、推送广告，进行各类销售促进活动。App启动页面采用Logo和简洁广告语、闪屏宣传图等设计，主页采用瑞幸深蓝色品牌色作为底色、灰白色为背景色，能够彰显主资讯，再搭配鹿头质感会员卡模块彰显瑞幸咖啡品牌调性；图标设计简单明了、表意清楚、符合使用者认知习惯，能迅速指导使用者进行操作。

为了维护品牌形象的统一性和辨识度，瑞幸咖啡在视觉传播上表现得非常一致，比如从品牌Logo、饮料包装、App界面等，一直以统一的品牌形象呈现在受众面前，这为瑞幸咖啡品牌塑造起到了很好的作用，现在顾客心中的“小蓝杯”就是瑞幸了，而不是其他咖啡品牌。

瑞幸咖啡之所以能在众多咖啡品牌中取得成功，是因为其打造了自己独特的品牌优势和卓越的品牌形象，得到了广大消费者的信赖，在视觉形象的塑造上为中国新兴消费品牌提供了参考。

第一节 品牌视觉设计

一、品牌视觉的界定

美国市场营销协会对品牌的定义是：一种名称、术语、标记、符号、设计，或者它们的结合运用，旨在借以识别某销售者或者某一群销售者的产品或者服务，并且把它与竞争对手的产品或者服务加以区分。品牌的视觉形象就是我们对某一品牌所产生的最初印象，它激发和吸引了顾客的视觉感官，从而获得顾客的心，提高了顾客的购买动机。据研究，人类作为视觉动物，87%的外界信息是由眼睛来获取的，75%～90%的人体活动是由眼睛来支配的。这向我们揭示了品牌视觉形象在很大程度上影响顾客的消费。

人在进行社会交往时，要想认识一个人，首先要从他的形象开始，包括相貌、衣着、风度、谈吐等，其次要了解其内涵和实质，然后才能产生好感，并成为朋友。消费者感知品牌的过程与此类似，都是从品牌形象开始的。我们通过品牌所带来的视觉感受来诠释它的价值，或者说品牌视觉形象可以向我们传递品牌价值，就像其他方式（比如品质、口碑等）一样。品牌向社会环境和市场大众传递“价值信息”。当然，这种价值具有多层次的特征，它具有功效、效益、形象、个性、内涵、承诺、经验、文化等多个层次，因此顾客第一眼就接触到的品牌视觉形象绝对不能忽视。品牌视觉形象中的每个细微之处都蕴藏着巨大的“营销能量”。品牌进行品牌传播和体验时，本身就具有“语言功能”，在视觉形象的塑造和“视觉消费”方面起到了作用。

人们在激烈的市场竞争中，面对琳琅满目的物品，既缺乏对时机选择的耐心，也缺乏对相关专业的判断能力。这个时候，形象是否具有美感就成为人们选择品牌的一个重要依据。既然人们对于品牌的喜好大多来自视觉，那么确定消费者心目中的位置是一种行之有效的方法，那就非常有必要塑造一个良好的品牌视觉形象。

品牌视觉形象的设计主要有 Logo 图形、颜色、字体和视觉应用系统，这些都是品牌的几大元素。企业只有用良好的视觉形象吸引消费者的眼球，才能激发消费者的兴趣，让其从琳琅满目的商品中挑选出适合自己的商品。只有这样，品牌才能越来越多地走进消费者的心里，才能显示出它真正的意义。不成功的品牌形象对价值的负面影响是必然的。高价值的品牌首先必须有“美感”。品牌视觉形象若缺乏美感，那么品牌魅力也会自然弱化，这是因为“美感”在取悦市场大众“感官”的同时，还体现在审美品位所折射出来的“身份标签的作用”上。

在视觉元素传播密集的今天，首先要对品牌视觉形象的塑造和输出提出更高的要求，这样才能成就高价值的品牌。品牌视觉形象传递的是从视觉到心灵的感悟，是从美到品质的升华，是从联想到品位的过程。其实，同样的内容用文字表述更容易让人生疑，而无言的视觉表述更能让人信服。作为品牌识别与价值输出的系统，品牌形象对市场营销具有促进和推动作用。越充分展现价值的品牌视觉形象，越容易得到营销和传播。无论什么场合，颜色、名字、商标、字体都是我们最先关注和记忆的东西。对于消费者来说，这些是品牌本身的象征，也是联想。例如：对“耐克迷”而言，斜勾标志（见图 7－1）不仅代表了品牌，也代表了其在各领域中力争上游的精神。耐克的案例告诉我们：当品牌的核心价值能够被品牌视觉很好地表现出来时，它就非常有说服力、煽动性。

图 7－1　耐克斜勾标志

二、品牌视觉要素

品牌作为企业的核心竞争力，是买家选货的重要基础。“品牌”的萌芽期产生于中世纪，当时欧洲行会规定本地手工艺人必须在自己的物品上贴上商标，以区别其物品与其他类似物品，保护客户不被劣质物品干扰。通常情况下，品牌包括品牌名称与品牌标志两个要素。

（一）品牌名称

品牌名称就是品牌中能被语言命名的部分，如香奈儿、可口可乐、麦当劳就是著名的品牌名称（见图 7－2）。

图 7－2　香奈儿、可口可乐、麦当劳品牌标志

（二）品牌标志

品牌标志就是在品牌上可以辨认、易记、不是言语称谓的由各种 Logo、花纹、颜色或字体组成的一部分。一个优秀的品牌标志可以承载庞大的信息量，首先具备的就是辨识功能。风格独特的品牌在进行品牌传播时，可以加深消费者的记忆成本，如人们看到黄色“M”标志便能联想到知名的连锁快餐品牌。判断某一品牌的招牌是否独特，最简单的办法是观察消费者是否能在众多同类产品中一眼发现该品牌。一般寻找品牌所用的时间越少，表示该品牌标志的独特性越强。此外，品牌标志要有信息压缩功能，要有优美的联想。奢侈品品牌香奈儿的品牌标志设计来源于品牌创始人 Coco Chanel，她将自己名字中的两个字母 C 反向交叉设计作为香奈儿品牌的标志。这里面包含两层意思：一是取创始人本人之名；二是代表着女性的双面性，呼吁她们成为不同的人。

三、品牌视觉的功能

（一）品牌对于消费者的功能

借助具体的品牌视觉元素，品牌能够帮助消费者获得商品生产地点、产品成分及配套服务等信息。声誉好的品牌，可以帮助消费者减少购买过程中的种种风险。此外，消费者还通过选购符合其性格、气质和身份的物品来表现自己，从而得到心理满足。

（二）品牌对于企业的功能

“如果生意能分出去，土地、砖头、灰浆我都愿意给你，品牌、商标我拿去，日子肯定比你过得好。”桂格麦片的合伙创始人约翰·斯图亚特说。对企业来说，品牌是一种无形资产，是传递产品和服务信息的最好载体。一个好的品牌能够提高商品对顾客的吸引力，在消费者心中是一个质量可靠的标志。即使是市场上的同类产品，在贴上不同的品牌标志时，价格也会有天壤之别。转让品牌使用权，很多知名品牌都能获得不错的收益，这就能说明品牌的价值有多大。同时，企业可以通过注册商标、专利等方式，使商品免于被他人仿制、抄袭、造假，使自己的品牌利益得到法律保护。

第二节 品牌名称设计

一、品牌名称的定义

品牌名称作为核心要素，简明扼要地体现着商品的中心内容并引起消费者的关键性联想。理想的品牌名称应具备易记，对产品类别和特质、优势等有确切定位性描述的特征；有一定趣味性和创造力，便于转化为更为广阔的产品种类及地域背景；意义恒久，无论从法律层面还是竞争层面均可得到有力保障。

二、品牌名称的设计原则

（一）简单易读

通俗易懂的品牌名称是能口口相传的关键所在。比如联想、美的、可口可乐、无印良品、宝马、奔驰等，很容易让人记住。

经典案例

索尼名称的由来

索尼在1957年前被称为“东京通信工业株式会社”，名称很长，没有正面的形象。1957年，该公司邀请了多位设计专家、心理学家重新命名。经过再三研究，他们决定用“索尼”的名称（见图7－3）。

SONY

图7－3 索尼品牌标志

索尼英文名字叫“Sony”，据说来自两方面的考虑，一是“音响”（SONIC）的意思，二是“乖孩子”（SONNY）的意思，用“SONIC”和“SONNY”两个英文单词谐音组合成四个字母和两个开音节，很容易记住。这一新命名及标志对推动索尼产品销售、树立良好品牌形象具有十分重要的意义。简单好读的品牌名称方便大家口耳相传。

（二）容易引起联想

优秀的品牌名称应该容易引起联想，甚至可以不借助任何广告宣传和市场营销就能引起消费者正面积极的联想，从而提高商品的效益。比如“飘柔”就给人一种丰富优美的想象空间；“可口可乐”给人的定位是清晰的；著名连锁便利店7-ELEVEn的前身是“Tote’m Stores”，Tote’m Stores 1946年把营业时间调到早上7:00到晚上11:00，把品牌名称换成“7-ELEVEn”，让人印象更加深刻。

（三）忌讳

优秀的品牌名称容易让人产生美好的联想，在品牌形象传播中起到促进作用。同时，我们还应注意避免各地区由于传统、风俗的差异而产生的某些文化禁忌。以我国为例，蝙蝠之“蝠”由于谐音“福”而被视为具有美好联想之意，所以我国就出现了“蝙蝠”牌电扇；而英语中，“bat”则是吸血鬼之意。服饰品牌“金利来”（Goldlion），原名“金狮”，后来曾宪梓老师把“Goldlion”分为两节，前半节“Gold”直接译作“金”，后半节“lion”音译成“利来”（见图 7－4）。取名“金利来”后，形势大变，这吉祥的名字顿时给金利来送来吉祥。因此，在设计品牌名称时，应注意避免各地区由于传统、风俗的差异而形成的某些文化禁忌。

图 7－4　金利来品牌标志

（四）独特

独特、个性鲜明的品牌名称很容易吸引消费者的注意，同时也可以通过显著的区别建立自己的身份与形象。2019 年伦敦国王广场音乐厅的品牌形象焕然一新，设计师围绕着“活力与多样性”，将音响所产生的不同声浪纳入新的 Logo 中，为品牌注入开阔、自由、多变的视觉特质。通过这种灵活多样的手法，伦敦国王广场的每个子品牌或事件的品牌 Logo 都采用了相同的字体，但在演出时会根据音乐的不同而呈现出特别的视觉效果；此外，根据员工喜欢的曲目，每个员工的名片签名上都会建立一个独立的符号加以体现。

（五）符合法律法规

品牌要保持竞争力，符合法律法规很重要，所以在命名的时候，为了避免后期的侵权，要事先做好商标的详细检索工作。有些名称虽不构成侵权，如地名及一些通用名等，由于不能通过商标注册获得法律保护，也不宜选用。联想电脑原来的英文品牌叫“LEGEND”。2001 年，联想意欲向国际化迈进，却发现“传奇”成为其海外拓展的绊脚石。由于“LEGEND”是英语的常用词汇，除我国外的很多地区和国家都不能用于注册商标。所以，如果联想要开发这些区域市场，那么它的品牌是不合法的，或者是不受保护的。联想不得不抛弃“LEGEND”品牌，另辟蹊径。这无疑会让公司吃不少亏，毕竟“LEGEND”已经沉淀多年，对品牌的冲击比较大，换标的代价很大。但即便冒着巨大的损失和危险，联想也不得不为之，因为没有新的品牌改造，也就谈不上品牌的全球化拓展。新品牌“Lenovo”（见图 7－5）采用了“Lenovo”的英文部分“Le”来传承“传奇”的含义；“novo”来自希腊语，其词根代表“Innovation”。新品牌寓意“创新联想”。

图 7－5 联想品牌标志

三、品牌名称的设计策略

品牌名称的设计策略将品牌定位作为切入点，在设计之初即建立定位优势和营销力量，最终能够指导品牌定位设定营销目标。

品牌名称的五大设计策略有：

（1）目标消费者定位和品牌命名；

（2）产品的消费感受定位和品牌命名；

（3）消费者的情感体验定位和品牌命名；

（4）人文观念定位和品牌命名；

（5）产品形式、功能定位及品牌命名。

构成品牌形象的一大要素就是品牌名称。品牌名称不仅要定义品牌的独特意图，还要向特定受众有效传递信息，捕捉到特定的价值，更重要的是看起来好看、听起来好听。所以品牌名称可能是品牌创建中难度最大的一部分，不能轻率地去确定，最后的决定权通常掌握在消费者手中，然而它还需要以设计师和品牌经理等专业人员所做的大量研究为前提。对于新的趋势和市场情况还有很多要注意，毕竟一个品牌要想成功就一定是和现实相关的。品牌命名方法包括描述法、首字母缩写法、联想法、造新词法、拟声法、他国语言法、发明者或创始人身份法、地理位置法。

（1）描述法这种命名策略比较简单，它以文字来界定或强调商品、劳务的主要方面，如英国皇家邮政和美国航空公司等。

（2）首字母缩写法是指用几个字的首字母命名，如 KFC（肯德基）。与此类似的缩略词的使用，如联邦快递（FedExpress）是由 Federal Express 两个词的缩略词组成的。

（3）联想法是用看上去或者听上去很好，但是不一定和品牌代表的商品或者服务有关的词命名的。比如亚马逊（Amazon），作为电商平台，会让人联想到如亚马逊雨林般丰富多样的商品资源，寓意平台商品的广度和深度，传达出多样化的购物体验，激发消费者对其丰富商品种类的联想和期待。

（4）造新词法就是造出体现品牌价值或者独特属性，但是并不具有真正传统意义上的词语。比如腾讯（Tencent），结合了“腾飞”和“网络”的含义，既体现了发展动力，又表达了科技感，是一个具有象征意义的新造词。

（5）拟声法是指将与制品有关的声音用文字进行拟写或影射。这可以算是发展独特名字的一种非常有效的方式。很多成功的品牌也采用了这种命名方式。业余科学家和企业家约翰·雅各布·史威普创办了史威普公司，并有幸获得了一个好听的拟音名字。当瓶装碳酸饮料的瓶盖打开后，瓶身会发出类似“史威普（Swipp）”的响声。

（6）他国语言法考察了不同语言里文字的意义，能给品牌增添另外层面的魅力，当然要认真考察其中存在的含义。

（7）发明者或者创始人身份法给品牌命名也可以取发明者或者公司创始人之名，比如迪士尼和吉百利等。

（8）地理位置法是根据品牌所处的地理位置定义品牌名称的方法，尤其是在食品与饮料领域，如纽卡索棕色啤酒、约克郡茶、雅各布斯酒。

四、品牌名称的命名方向

（一）从产品出发

1. 功能卖点的定位

将产品功能卖点反映于品牌名称之中，给消费者带来实惠，使人们一见到名称便会与产品功能联系起来。如汰渍、飘柔、立白、舒肤佳、露得清。

2. 产品属性的定位

将产品品类反映到品牌名称上，使人们一看到名称便知自己属于哪一类，如矿泉水的牌子命名为农夫山泉、恒大冰泉、泉阳泉。

（二）从用户出发

1. 情绪体验的取向

以品牌名来形容顾客在使用商品过程中的情绪与情感，以引发顾客良好的联想并营造品牌体验，如喜茶、自嗨锅、可口可乐、百事可乐、乐事、趣多多、必胜客、尖叫、绝味等。

2. 用户形象的定位

在品牌名上对典型消费者形象与身份进行了描述，如健将、太太乐、老板电器，还有古早时期女装品牌淑女屋、蒙牛儿童牛奶品牌未来星等。

3. 消费场景方向

用品牌名来表示商品的消费场景，让消费者直观地认识到该商品适合在什么场合消费。如卡士酸奶有个子品牌叫“餐后一小时”，强调全国首家以最佳饮用时间命名的功能型酸奶，告诉消费者餐后一小时饮用能最大限度保证益生菌在肠道内存活。再如三顿半咖啡这个名字，告诉你咖啡就是一天三顿餐之后的半顿了（见图 7-6）。

图 7-6　三顿半咖啡

（三）从企业经营出发

1. 企业理念和愿景方向

品牌理念承载着企业创始人团队的梦想和企业运营的愿景。比如小米这个名字，雷军在知乎上回答了为什么要起小米这个名字。他说，在小米创立初期，大家聚在一起讨论公司叫什么，也考虑过“红星”“红辣椒”“黑米”等名字，在随后的讨论中，雷军突然想起了他最爱说的话——佛观一粒米，大如须弥山，于是有人建议把这家公司叫作“大米”。投资人说：“互联网天生就是要避大就全的，不取大取小。”“小米”这个称呼立刻被大家接受。当然，一个名字的成功也会引申出很多解读的成分。比如小米，是普通百姓吃的平民食品，那“小米”当时主打性价比。还有人说，小米拼音“MI”意为“Moble Internet”，强调小米即移动互联网公司。其实，这一切只是品牌名的创意说明，而不是命名前的考量方向和切入点。

2. 企业创始人方向

从创始人姓名中，可以看到许多品牌名称，如理想汽车创始人李想、小鹏汽车创始人何小鹏、永璞咖啡创始人侯永璞、大董烤鸭创始人董振祥等。

事实上，欧美以创始人姓氏来命名的品牌非常多，比如汽车业中福特、标致、奔驰以及轮胎业中的固特异和邓禄普等，奢侈品中更是有路易威登、香奈儿、爱马仕等。以家族姓氏取名寄托着创始人世代传承自己品牌的理想。

在我国，小鹏汽车刚刚面世时，就有不少网友对其称呼表示怀疑，说它土气，不能做高端汽车。小鹏创始人还在知乎上现身说法：创业之初本来要使用“橙子汽车”，但是包括该名称在内有几个名称无法登记，所以合伙人建议使用“小鹏汽车”。一开始，他本人举棋不定，全家都不同意。由于创业是九死一生的事情，押上自己和金钱，也许最后什么也得不到，还要面对纠纷。但是他终于说服自己押上这代表个人声誉的名字。敢于All in，才有可能胜利。

3. 历史文化方向

品牌名称来源于历史上某个或某一产品标志存在的时间点或地点。例如：1664这一著名啤酒品牌的历史可以追溯到1664年，酿酒大师Geronimus Hatt先生在法国阿尔萨斯地区开设了他的第一家酿酒厂，并生产出1664这款啤酒，用品牌名称致敬了这段历史。又如起源于明万历年间（1573年）国宝窖池的国窖1573，辉煌的历史使品牌显得高端、有品位。特斯拉汽车其实也可以归于这个范畴，它的命名是为了纪念伟大的发明家、电气工程师、电机工程学先驱、物理学专家尼古拉·特斯拉。

4. 品牌IP方向

品牌名被设计为人名或动植物名，容易在以后的品牌经营中创造IP、设计品牌Logo、虚拟形象/吉祥物等，对于用户而言是记忆的象征。例如，金龙鱼、蓝月亮、三只松鼠、花西子、小茗同学、沪上阿姨、威猛先生、张君雅小妹妹等。其中，蓝月亮把每年中秋节作为品牌的一个重要营销节点来抓，创造出超级月亮这个IP来增加品牌热度，树立品牌形象。

第三节 品牌标志设计

一、品牌标志的重要性

标志是一个品牌的Logo，Logo的设计是品牌成功的保证。虽然品牌标志不能完全等同于品牌，但在品牌视觉形象中却是重中之重。著名平面设计师米尔顿·格拉瑟曾说：“标志是品牌的门户。”一个好的品牌标志不仅能引导消费者愉快地购买和消费，更能让品牌形象发挥事半功倍的作用，让商家能从中受益。标志作为品牌视觉形象的重要组成部分，具有形象识别、信誉保证、信息沟通、法律保护、文化宣传、容貌美化等作用，是品牌视觉形象的重要组成部分，是一种可视化的信息表达方式，也是品牌塑造的要素。标志可以是一种非常实用的简化公司名称的方法，比如全称为United Parcel Service的美国联合包裹服务。标志设计让顾客记忆难度大大降低。UPS标志（见图7-7）以其一览无余的鲜明视觉语言区别于其他竞争品牌。

图 7－7　USP 品牌标志

设计合理的标志能吸引初次见到该品牌的消费群体，让其产生美好的第一印象。它通过特定的图案、颜色、字体等形式向消费者传递某种信息，而符号本身就能产生品牌联想和消费者偏好等，从而影响顾客对品牌的忠诚度，这就是一种品牌认知的创造。所以从设计标志开始，我们的理念应该是和消费者紧密联系在一起的，要在最基本的平面设计和创意的要求之外兼顾营销因素和消费者认知、情感等心理层面。标志所代表的意义和展销橱窗是没有区别的。消费者会选择看起来最有吸引力的店铺入驻，或者在一个货架上的同类商品中选择自己喜欢的一款，或者在同类商品中选择一款标志最具诱惑力的商品。因此，拥有一个具有魅力的视觉感官符号就变得格外重要。

苹果一直是很多设计师学习的榜样。它的标志既能被用于各种场合，又能代表从零开始的理念。我们可以看到很多大改之后失败的品牌案例，比如美国知名服装品牌 GAP，在 2010 年更改 Logo 后引来了各界的抨击。苹果最开始的 Logo 设计于 1976 年，是一个坐在苹果树下的牛顿形象，可惜线条太复杂。隔年，Logo 就被改良为象征引力的“苹果”，还有象征光的“五彩色调”。这款 1977 年设计的 Logo 其实有很多深刻的寓意，既有同性平权的象征，也有创始人乔布斯最爱的象征，还有计算机的色彩容量，甚至还有黄金比例的象征。而 1977 年之后苹果品牌标志的改版，则预示着品牌按照市场潮流的演变，在包装和产品上与品牌更加契合。苹果品牌标志的变化如图 7－8 所示。

图 7－8　苹果品牌标志的变化

品牌标志无疑是一种有效的传达品牌形象力量的手段，这种方式可以最直接地让消费者与品牌产生联系，同时也能增强品牌的形象力量。消费者主要通过视觉标识来感知品牌，获得品牌信息。一个言简意赅、寓意明确的品牌 Logo，可以让人产生好感，从而对其产生信赖。如麦当劳拱形“M”金招牌，象征幸福与美味，犹如两扇开门迎客的大门。人们在观赏时会被其深深吸引，形成条件反射，希望从中体会到诱人的美味带给自己的愉悦。

二、标志设计的表现形式

设计标志前，首先要确定概念，明确标志所表达的含义。品牌战略管理者在交给设计师设计标志的任务前，通常会详细列出这些特征，以便在设计之初就能清楚地表达品牌的概念和意义，使设计师更容易理解。标志设计的表现形式有三种。

（一）文字符号

在交流和传播过程中，重复使用的被标志体名称或它的产品名会以单一的文字形态统一起来。这种设计形式最突出的特点是含义清晰、直观性强，和被标志体连接紧密，便于理解。但是由于文字本身的相似性，很容易模糊观众对于标志自身的印象，进而出现对于被标志体长久印象的削弱。因此特示文字中，通常都以特示图案为辅助，这就需要所选字体符合整体风格，要尽量和标准文字区分开来，进行新创造。比如故宫博物院的 Logo 设计取自“宫”的形状，里面有两个口，表示故宫“前朝后寝”的建筑理念，在宫字的下面没有封口，暗示现在的开放式，不像过去的封宫；至上点则取“海水江牙”“玉璧”的图形元素，取其珍如拱璧之意，为国之瑰宝，象征着国家的威严。天圆地方的造型，大气恢宏，透露着浓浓的文化气息，又不失现代美感，浑然天成。故宫博物院品牌标志如图 7-9 所示。

故宫博物院
THE PALACE MUSEUM

图 7-9　故宫博物院品牌标志

（二）抽象图形

抽象图形是指通过独特、醒目的图案增强与其他品牌之间的区别，并通过隐喻、联想、概括、抽象等绘画表现方法对品牌进行标识。含有抽象图形的标志，表达了品牌的理念的意象，但是和被标志体的关联性并没有文字形式那么直接。观众容易记住图案本身，而对于被标志体和标志之间关系的理解则要经历一个比较曲折的过程。但是，一旦联系建立起来了，印象就会更深，记忆就会比较长久。

KURASHICOM 是日本一家生活概念综合型 D2C 网站，成立于 2006 年。随着逐渐发展壮大，KURASHICOM 的业务也在向各个领域不断拓展。为了更好地将自己的身份形象展现在公众面前，公司于 2022 年 2 月 24 日宣布启用新品牌 Logo，发布定制字体，并在公司新网站上线。目前，除了电商业务，KURASHICOM 还制作发布网文、播客、原创电视剧、纪录片等内容，与客户增加接触点，打造一个全方位的生活文化平台。KURASHICOM 品牌新、旧标志如图 7－10 所示。

图 7－10　KURASHICOM 品牌新、旧标志

虽然 KURASHICOM 最初的品牌标志设计看起来很简洁（字母 K 隐藏在盾形中），但很难传递出公司目前的发展定位。原研哉设计的新 Logo 比这个盾形 K 字要简洁一些，直接就是黑色的倒梯形。

（三）两者组合

这种图案设计集文字和图案于一体，同时具有文字和图案双重性质，其问题在于有可能使有关性质的影响相对减弱。偏图案或者偏文字等符号在表现上有很大区别。

上述三种方式各有千秋，应视情况选择。一般来说，较为稳妥的做法是将印刷字体进行简单的装饰，或者将文字转化为装饰造型进行标志设计。其有益效果是：一是可以通过文字造型直接把被标志体图像化，方便顾客理解；二是造型后的字更容易给顾客留下深刻的印象。

标志以视觉化形象呈现企业经营情况，并连接品牌和企业历史传承。从根本意义上讲，标志要紧紧围绕和传递企业的价值与使命。当客户看到标志时，需要知道的不仅是标志代表着谁，更重要的是标志所代表的意义。一般形象符号无法体现独特魅力、缺乏有效交流、无法激发想象、无法博得人的回忆和好感。反之，信息体现得确切，富有个性，引起人们的美好联想，并最终能够催生出强烈购买自信的标志符号则会在品牌竞争中获得优势。

三、标志设计的作用

标志设计借助于具象的视觉语言，将企业内部的信息与产品进行沟通。虽然只是一个符号，但内涵却很丰富。Logo设计者要深入理解Logo所代表的含义，如企业的地位、规模、目的、理念、策略、风格等，从而起到准确有效的传播作用，让受众明白标志的设计意图，做出积极的行动。要达到上述要求，设计者首先必须具备以人的视觉经验和心理体验为基础的创造性思维实践。

当品牌标志肩负起传播品牌内涵的重任时，Logo以其鲜明易记的标志性形象和独特的造型、理念、精神，将企业品牌的文化、理念和精神传递出来。随着企业品牌的壮大，形象价值也水涨船高。企业品牌无形资产积累的主要媒介无疑是一个好的品牌标志。企业无形资产在消费者心目中的作用无可替代，品牌价值越大，企业无形资产越多。正如广告大师大卫·奥格威所说：品牌是企业市场地位最终的决定性因素，而品牌形象标志就如同这个人的衣着一样，是彰显个性的重要载体。如雀巢咖啡标志，当我们看到鸟巢旁两只小鸟依偎在一起时，就会联想到雀巢咖啡带给人的是一种强烈的温暖，一种用心呵护的感觉（见图7-11）。

图7-11 雀巢咖啡品牌标志

品牌标志个性塑造源于设计者对于品牌个性的诠释，标志和品牌个性若体现出表里不一的特点，就会让品牌形象大大降低。

品牌标志可能会终生不变，也可能会随着市场重心的转移更新换代而有所改变。在很多情况下，标志必须随着时间的推移不断更新和修改，然后使标志能够源源不断地将确切的信息传递给目标受众。对于设计师来说，如何优化品牌标志是一个很大的难题，因为市场趋势和形势始终在变化，一旦意图明确，很可能直观地呈现出品牌的价值。设计完成后，为了获得与品牌贴合的标志，企业内部和外部都必须先做好测试。以标准化风格持续传播展示形象，这是无论对哪个品牌而言都要牢记的重点，包括排版风格、用色、位置指示都要明确。虽然可能会在不同类别之间发生变化，但在总体风格上要保持一致。

进入21世纪以来，国内外很多企业都改变了代表自主品牌的标志。通过更换标志来提升品牌形象，是公司进一步做大做强的有效手段。但品牌标志是企业发展的一面旗帜，企业更换标志意味着将日积月累的无形资产抛弃，另起炉灶。换标志不仅破坏了顾客原有的品牌认同感和记忆力，还会引起顾客的猜忌和排斥，代价是相当大的。很多企业在面临品牌资产可能因换标而流失的风险时，还是选择了这条路，而这条路的背后必然有足够理由的合理考量。

原因一：市场需求的全球性。在经济全球化的今天，不少企业纷纷走上国际化的发展道路。同样决定企业成败的一个关键因素是：一个企业以什么样的形象走进来，它的标志能否被新的市场认可并接受。企业跨国经营的必要前提是取英文字母组成的名称。例如：字节跳动的英文名字是 ByteDance，“Byte”是字节的意思，代表着数字化信息的基本单位，体现了公司在数字领域的业务根基；“Dance”是舞动、活跃之意，象征着公司充满活力与创新精神，积极在全球舞台上展现自身价值。这个英文名也被全球用户熟知，有助于企业在跨国经营中打造统一且易于识别的品牌形象，开展各项业务拓展活动，提升品牌的国际影响力和竞争力。

原因二：企业战略调整之必要。企业所面临的市场环境是复杂而多变的，需要及时调整经营战略才能基业长青。2005 年，为配合英特尔由后台处理器厂商到直接为客户提供平台化解决方案企业这一发展策略的根本变革和调整，“IntelInside”这一口号已经不适用了，不得不进行调整。此外，新图标也改变了老图标的“沉淀的 e”，更加整体化。英特尔品牌标志变化如图 7 - 12 所示。

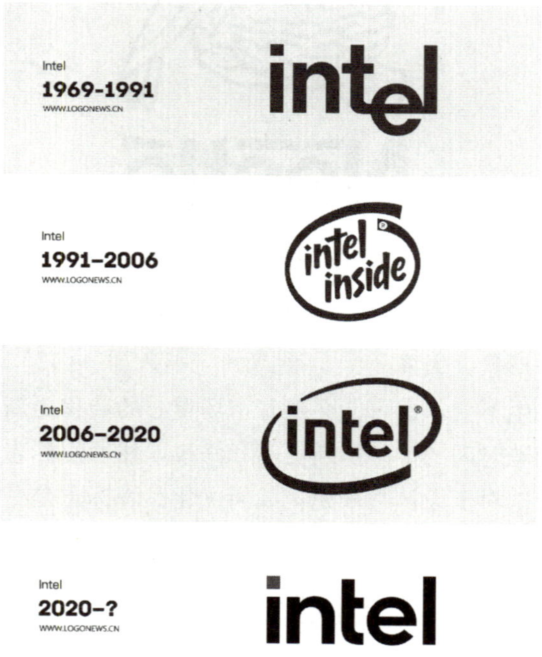

图 7 - 12　英特尔品牌标志变化

原因三：消费者品位发生变化。社会的进步导致消费者审美需求与心理观念的极大改变。他们对产品和服务的价值期望不仅包括产品的核心价值，还包括外观、包装、标识等视觉形式，更多的是对其延伸价值（提高地位、满足快感、自我表现、得到尊重等）的追求。为更好地迎合消费者心理偏好和巩固品牌忠诚度，企业应对品牌所传达的信息进行相应的调整，增强与客户之间的情感联系，并着力打造更加人性化的企业形象。

以华为的品牌标志变革为例。1987—2006 年，华为的 Logo 并不是由今天的 8 块组成，而是 15 块，而且 Logo 下面的文字是“Huawei Technologies”，比现在多了“Technologies”。

2006—2018 年，华为第二代标志由 8 瓣花瓣构成，花瓣形状更加饱满圆润。同时，“Huawei Technologies”改成了大写的“HUAWEI”。这一改变让华为 Logo 的国际化程度更高。

2018 年 3 月，华为启用第三代标志。华为第三代标志整体变化不大，主要是原有花瓣在视觉上更加扁平，取消了渐变效果。Logo 下方的字体由圆体改为方体，字母“HUAWEI”也变得更加粗壮敦实，彰显了公司的稳健性和全球影响力。

华为品牌标志的演变如图 7－13 所示。

图 7－13　华为品牌标志的演变

随着社会的进步，人们的审美观念不断变化，消费者对过分几何化、理性化的现代主义设计风格已感到厌倦，转而强调符号的舒适感、精致感以及娱乐性。将冷漠、严峻的象征变得活泼而有人情味是以人为本在企业中的表现。在信息化时代的今天，以品牌标志为核心要素的企业视觉识别系统不应该仅仅停留于简单的造型层面。一个好的标志要能够突出企业的经营理念，要能够把价值体现出来。以往标志设计的惯有规律被突破，设计师对固有的符号现象进行了解构，设计理念发生了翻天覆地的变化。品牌标志未来的发展趋势是形式和风格的多样化、国际化和人性化。未来营销之战是品牌之战，品牌标志是品牌形象传播的核心因素，品牌标志的好坏关系到品牌战略的兴衰。在企业换标浪潮越演越烈的今天，决策者要始终保持头脑清醒，弄清事物的本质。

四、标志设计的原则

（一）适应性原则

什么样的商标或者标志可以注册，各国商标法都有明确规定。如果企业所选用的标志与相关法规相违背，则无法在该国家进行注册登记，当然也不受该国法律的保护。品牌标志的适配性也包括标志要与时代的潮流相适应。一般情况下，品牌标志的稳定性比较强，主要是对整体形象的强化和利用记忆的识别来诱导消费者。但是随着时代的变化或者品牌本身的变化和发展，标志所体现的内容可能和时代的节拍不太一致。所以在保持相对稳定的前提下，品牌标志的设计应该有相应的改变。像百事可乐这样的品牌标志，都有过几次比较大的变化。而“美的”等国产品牌也推出了适应品牌国际化发展需要的全新品牌标志。

（二）易识性原则

易识性是指品牌标志易识别，容易被人识记。标志的空间有限，无法传递无限多的信息。只有在有限的空间里，传达出最能代表品牌、最能打动人的信息，才能体现出标志设计的效果。现代社会人们的生活节奏加快，对于各种传播媒介所传递的信息都是走马观花式的浏览，品牌标志只有简单易懂、表达清晰有力，才能打动受众。

（三）美观性原则

标志设计一定要符合艺术规律，把它的美观性表现得淋漓尽致。标志既是品牌象征，又是艺术品，所以要在造型上力求美观精致，给人以美的享受，以符合大众的审美心理。

（四）普适性原则

品牌标志的应用十分广泛，可用于企业的楼宇、产品包装、办公用品、员工徽记、广告媒介、运输车辆上。所以在设计的时候要考虑多种场合使用标志时的适配性，同时制作的时候也要考虑到它的便利性。总之，无论在什么地方使用，都要保持一贯的品牌形象。

五、标志设计的方法

标志设计方法大概有六个方向：一是品牌名称图形化，二是文字标志（全称、简称、单字），三是吉祥物标志，四是有意义的几何图形，五是品牌理念视觉化，六是抽象的图形标志。当然，每种方法的适用情况不同，在品牌设计的时候需要多方对比，辩证地选择，以传播为目的去验证设计结果。

（一）品牌名称图形化

标志设计的目的在于辅助品牌传播。如果品牌名称是能够直接图形化的名字，那么最好的设计方式肯定是直接图形化品牌名，让品牌标志与品牌名等同，将传播成本降到最低，加深品牌在用户心中的印象。在传递中，效率最高的就是最有效的。

小星球花店（FLOWER PLANET）的品牌名称来源于童话故事《小王子》。这一名称为品牌添加了能够给用户留下更美好印象的情感寄托。但品牌名称与花店生意并无太大关联，与产品也无直接关联。所以在设计上，对于小星球这个品牌来说，最好的办法就是设计出小星球的图形，但是要弥补品牌名字和行业关系不强的缺陷，把星球填满植物元素，比如花草之类的，帮助大家认识这个品牌，了解它是一个花店。小星球花店的品牌标志如图 7－14 所示。

图 7－14　小星球花店的品牌标志

这里也要注意一个问题，直观的品牌名称相对来说在传播上是加分的，但是可能会有这样的缺陷：品牌名称和产品的关联度不够紧密。品牌如果没有很高的宣传预算，就必须尽量减少理解成本，也可以让品牌标志更有创意。

（二）文字标志

腾讯、佳能、索尼等直接用品牌名称的标志都属于文字标志。文字标志的包容性比较强，是集团企业设计标志的优先选择。有些文字标志会直接选用字库里的一款字体，不需要太多特色和指向性，目的是可以涵盖后期的发展，让标志更加经久耐用，如索尼。也有的品牌像佳能一样，选择一个字母进行设计（佳能对字母“o”进行了旋转变化的设计，其他字母则是直接使用了一款字体），把主线产品照相机的镜头盖融合在标志中，也是特别加分的设计方式。腾讯和佳能的品牌标志如图 7－15 所示。

图 7－15　腾讯和佳能的品牌标志

文字标志是标志设计的常用方法，在设计和传播方面都表现得更加直接，和品牌的联系也最强。常用的文字提取方法有四种：全称、简称（缩写）、单个文字（字母），以及创意组合。文字标志要想整体上设计得更耐看，就要增加创意和细节。

1. 全称

像上面提到的“腾讯（Tencent）”“佳能（CANON）”“索尼（SONY）”，这种全名的文字标志一般是集团企业常用的，这样的设计最具包容性，可以包容很多旗下的子品牌，所以在设计上可以直接选择一种字体，虽然少了点个性，但是多了一些包容性。对于中小品牌，标志设计要选择更具个性化和记忆点的创意方式，这样才能更有特色，方便受众记忆和辨别。

在品牌设计上，适当借鉴成功企业标志的设计方法是必需的，但是每个品牌的发展阶段和方向都不一样，大品牌的设计未必是最完美的，如果照搬大品牌的标志，新品牌就需要投入更大的宣传力度来弥补设计上的某些缺陷，这有些得不偿失。所以企业一定要看清自己的长处和所处的阶段，选择适合自己的设计方法，从实际情况出发，突出自己的特点。

2. 简称（缩写）

简写品牌名称是由于简写字母和品牌名称可以直接联系在一起，这种简单直接的方式更利于识别和传播。此方法的缺点是较容易有相同的表现形式，因此必须找出个性的创意点，以及设计上的差异性，结合自己的特点来进行。

3. 单个文字（字母）

在汉字语境下的品牌，如果仅以品牌名来设计标志，虽然看起来简单，但在形式和创意上不容易突破。除了一些用比较文艺的设计方式或用书法字体制作的标志，品牌标志的设计会略显单薄，不够丰富，甚至显得苍白无力。此外，中英两种语言的表现效果不同，英文字母的图形更加简洁匀称，设计起来也更加容易，而汉字的图案则更加复杂，这对于初涉设计的新手而言有一定的难度。即便是经验丰富的设计师，面对字迹笔画和疏密差距相对较大的汉字，有时也会无从下手。遇到这种情况，设计师可以看看名字里有哪些代表品牌设计传播的重要文字。适当的单字，加上创意组合，搭配行业，不仅可以强化与品牌的链接，还可以形成核心记忆点。取单一字母或文字设计品牌标志是比较常见的一种设计方式，字母或文字加上行业特性，在品牌视觉上会是一个不错的解决方案。当然，在设计的时候就需要结合品牌的行业属性、发挥空间等进行具体经营。

粤福苑是一家以“福”字为创意核心的粤菜餐厅，其品牌标志以中国传统书法表现“福”的同时，还在图形中加入了象征饭店美食丰盛、食材包罗万象的牛、鱼、鸟形象，在品牌标志的整体设计上加入现代图形设计理念，以中国传统文化形象为基础，使品牌显得与众不同（见图 7－16）。

4. 创意组合

创意组合是一种有效解决汉字品牌不便视觉化问题的方式，它是指从品牌名称中抽取一个关键词进行创意设计。

图 7－16　粤福苑品牌标志

以上就是常见的四种文字标志的设计方法。这些方法对于品牌标志的设计通常能提供一个相对不错的解决方案。设计需要结合品牌的具体信息和需求，所以在构思的时候，一定不要生搬硬套步骤中的做法，而是要先考虑清楚什么是重要的信息。按照信息优先传递的需求来进行信息的设计和优化，最终帮助品牌确定向用户传播的需求。

（三）吉祥物标志

天猫的猫、京东的狗、苏宁易购的狮子、当当的猴子、腾讯的企鹅等（见图7－17）都是吉祥物标志。互联网品牌的崛起让所有人都看到了动物形象的品牌设计，阿里巴巴的品牌更是被冠以“阿里动物园”的称号。

图 7－17　天猫、京东、苏宁易购的吉祥物标志

这表明，品牌设计的一个重要方向是以吉祥物作为品牌代表进行传播。为什么很多品牌喜欢设计动物形象的品牌标志？究其原因，一是人类自古以来就有崇拜动物的情结。在地球上，人的智力是最强的，人们很早就认识到，不同动物在某一方面的能力远远超过人类，比如狮子的骁勇霸气、马的奔跑速度等。人们对这些动物的能力十分向往，不仅视其为图腾，更将不同的动物形象融会贯通，创造出不一样的瑞兽。二是动物形象更便于互动，特别是针对普通用户的品牌。动物形象的运用会让人产生亲近感，从而加深品牌印象。比如日本的熊本熊就是一个很好的例子（见图 7－18），这个吉祥物的诞生和宣传效应，使得原本名不见经传的熊本县声名鹊起，财政收入大幅增加。三是这些品牌的名字其实都不太好可视化。没有直观的图形可以描述出天猫、京东、苏宁这些新造词，但在动物

图形的帮助下，消费者能够在心中加深对品牌的印象，对品牌的传播起到锦上添花的作用。

图 7－18　熊本熊标志

（四）有意义的几何图形

如果品牌名称、文字、字母甚至动物形象都不是理想的设计方式，那么从行业属性出发，采用其他具象图标也是可以的。标志设计的精髓在于帮助品牌传播，利用品牌名的特点结合行业属性，也能设计出一个容易理解和记忆的标志。

（五）品牌理念视觉化

如果是一个不便于视觉的品牌名，既不想用文字标志，也不想用吉祥物标志，同时品牌名的覆盖面还比较广，没有特定的指向，那么从品牌的核心理念中抽取一个可以具象化的图形符号进行设计，也是一种思路。但这个图形符号的提取并不是无中生有的，而是要和品牌的名字或者意思一致，标志的直观意思应该可以为品牌后期的传播加分。

如 Pacific Ocean Group Limited Infinity，最初业务以海上运输为主，后来品牌版图扩展到能源、科研等多个领域，所以集团品牌标志需要更强的包容性。在与董事会多次沟通后，设计师决定将品牌“创造无限可能”的理念以“Infinite”为主题表达出来，其没有选择设计字体标志的方式，而是采用无穷无尽的数学符号“∞”，设计出一款主图形十分突出的品牌形象，使品牌更具包容性（见图 7－19）。

图 7－19　派西菲克品牌标志

（六）抽象的图形标志

图形标志设计的抽象方式有两点需要解释清楚。一是书中提到的“具象”是会描写的意思，“抽象”是不能明确地说出来的意思。说不清楚又如何流传？既然对好设计的定义是可以辅助传播，那么不能让人一眼看懂的标志就都不是最好的设计。在竞争如此激烈的环境中，商业品牌设计师设计抽象图形不建议天马行空，也不建议选择抽象图形，而是要考虑沟通属性，因为品牌标志最重要的作用在于沟通，而最有效的辅助传递方式是形象的图解。二是抽象图形大多容易忽略符合品牌信息的定制感，如果一个图形随便换个品牌名字还能用，那么与品牌的关联度就会很弱，某种程度上会造成沟通成本的提高。好的沟通设计还是要从品牌沟通的主要信息入手，设计的最终目的也是要服务于品牌的。

王老吉的罐身定制

本章小结

本章界定了品牌视觉设计的含义，品牌视觉要素包括品牌名称和品牌标志，品牌视觉设计对于消费者和企业都有一定的意义。品牌名称设计和标志设计都需要遵循一定的设计原则和设计策略。

本章测试

一、名词解释

品牌视觉形象　　品牌名称　　拟声法　　品牌标志

二、判断题

1. 品牌的视觉形象对品牌消费有巨大的影响作用。（　　）
2. 品牌的视觉形象可以向人们传达品牌的价值。（　　）
3. 进行品牌名称的设计时满足简单和易于联想就行，不用注意规避各地文化禁忌。（　　）
4. 从产品出发进行品牌命名时，可以考虑产品的功能和属性。（　　）
5. 标志是品牌的脸面，一个成功的标志或商标设计是品牌得以成功的保证。标志虽不完全等于品牌，但却是品牌视觉形象最重要的一部分。（　　）

三、单项选择题

1. 以下哪个品牌的名称命名是从产品功能卖点入手的？（　　）

A. 乐事　　B. 立白　　C. 霸王茶姬　　D. 蜜雪冰城

2. 以下哪个品牌的名称命名是从用户的情绪体验方向入手的？（　　）

A. 喜茶　　B. 耐克　　C. 蒙牛　　D. 苹果

3. 一个优秀的品牌标志可以凝聚起承载庞大信息量的力量，首先具备的就是（　　）功能。

A. 文化　　B. 个性　　C. 辨识　　D. 信息压缩

4. 迪士尼采取的是（　　）品牌命名策略。

A. 描述法　　B. 首字母缩写法

C. 他国语言法　　D. 发明者或者创始人身份法

5. 腾讯的品牌标志属于（　　）。

A. 文字标志　　B. 图形标志　　C. 二者合一　　D. 单一法

四、简答题

1. 品牌视觉的要素包括哪些？

2. 品牌视觉有哪些功能？

3. 品牌名称的设计原则有哪些？

4. 为什么品牌标志对于品牌来说如此重要？

五、论述题

1. 更换品牌标志存在哪些风险？为什么当下有许多企业都在更新品牌标志？

2. 品牌名称命名有哪些方向？请举例说明。

六、案例分析题

推特 Logo 的变化

2023 年，Twitter 老板埃隆·马斯克将推特品牌更名为“X”，并将沿用了十多年的“小蓝鸟”Logo 换成了一个黑白的“X”标志。这一系列举动在全球持续引发热烈争议。在征稿、上线、微调、宣布继续调整等“一波操作”之后，虽然官方 Logo 的形态还没有确定，但平台已经在网站页面上使用了这个“X”。随着“蓝鸟”这一元素被全部移除，Twitter 作为“Twitter”的历史也仿佛走到了尽头（见图 7-20）。

图 7-20　推特 Logo 的变化

在很多人心中，Twitter 已经牢牢绑定了“小蓝鸟”，留给品牌其他形象的印象也不多。但 Twitter 的 Logo 从 2005 年创立到现在经历了很多变化。一开始，它甚至不是一只小鸟。下面将和大家一起回顾 Twitter Logo 近 20 年的演变史，借此探究 Twitter 品牌形象变更背后的原因。

Twitter 的第一个 Logo 与广为人知的小蓝鸟相距甚远，将品牌名“Twttr”以带有水滴效果的果冻状绿色字体呈现。推特最早是作为播客创作平台 Odeo 的公司内部交流系统被构想出来的，当时关于这个新产品的名称和 Logo，内部有各种各样的建议。Twitter 最初的名称和 Logo 提案，几个方案都标注了“Anodeo Thingy”，说明这款产品是属于 Odeo 公司的。最终“Twttr”从投票中胜出。后来，当时的 Odeo 员工、Twttr 的核心编程人员 Jack Dorsey 在 2006 年发布的一篇推文中写道：“Just setting up my Twttr。”这个“绿舌头”一样的 Logo，是由早期员工 Biz Stone 设计的。很多大型科技公司和社交平台最初的 Logo 和成名后的 Logo 完全不一样，推特也是这样的情况。这个绿色的 Logo 更像是临时的，存在的时间很短，也没有公开使用过。

2006 年，Odeo 倒闭，创始人 Evan Williams 开始专注于推特的运营，同时也更多考虑到了品牌形象。他们邀请了旧金山设计工作室未来农夫为品牌进行形象更新，设计师 Linda Gavin 和 Amy Franceschini 花了 3 天时间设计出完整的身份识别和网站。在本次品牌更新中，无元音字母“Twttr”被改为较为正式的“Twitter”，并确立了以明亮的浅蓝色为主色调。无衬线体纯文字 Logo“Twitter”圆润，外搭一圈白色轮廓线，很有气泡感，也符合当时流行的设计风格（见图 7－21）。考虑到“Twitter”有“鸟鸣”的意思，公司又花 15 美元从素材网站 iStock 上购买了一款颜色相近的小鸟图形，作为该品牌的官方形象。由于 iStock 网站政策不允许，这只小鸟没有在任何 Logo 上使用，只在 Twitter 的网站页面上出现过。

图 7－21　Twitter 更新后的 Logo

在 2007 年至 2010 年，Twitter 的内部设计师对 Bird Graphics 进行了多次迭代。先是合伙创始人 Bizz Stone 给小鸟加上了翅膀、眼睛和尖尖的尾巴，后来他又和设计师一起，对小鸟进行了简化和改进。

2010 年，小蓝鸟终于正式成为 Logo 的一部分，出现在“Twitter”右侧（见图 7－22）。

图 7－22　2010 年推特 Logo

到了 2012 年，小蓝鸟已经广为人知，Twitter 认为它已经能够单独作为一个品牌 Logo，就像 Nike 的斜勾一样。在这一年的视觉更新中，推特 Logo 彻底抛弃了“Twitter”字样，只保留了小蓝鸟的图形。

这只小鸟的设计者之一马丁·格拉瑟，那时刚刚从艺术学院毕业不到3年。这只由15个圆圈逐层叠加而成的小鸟，在保证彼此间一致性的同时，也形成了喙、头、翅、胸的曲线（见图7-23）。这些圆圈代表和谐，不同人的利益的联结，以及言论自由，也可以解释为Twitter是一个可以存在的、令人高兴的中立大本营。鸟喙、鸟身朝天，代表无限可能。

马丁·格拉瑟在推特上分享了小蓝鸟的图画，并配文称："这款Logo设计的特点就是简单、平衡、小巧、辨识度高，有点像小写的e。"这只小鸟比真正的鸟要圆润许多。虽然不代表具体的鸟类，但格拉瑟曾说，它是从蜂鸟振翅的画面中获得灵感的。据说他一开始画了上千只小鸟才获得了理想的比例和简洁感。Twitter的创意总监曾表示："不是Twitter就等于一只小鸟，而是一只小鸟就等于Twitter。"

图7-23 Twitter的小蓝鸟

2022年10月，马斯克完成了对Twitter的收购。收购第二天，马斯克就发了一条推文：《小鸟被放飞了》。

2023年，马斯克在Twitter上宣布："不久我们将告别Twitter品牌，和所有的'小鸟'一起。"随即他在Twitter全平台"征稿"新Logo。

马斯克的这一改动在很大程度上遭到了Twitter用户的抵制。很多设计师也表示了不理解：品牌Logo调整从来都需要谨慎应对，哪怕是细微的调整都可能引发大面积"掉粉"；而彻底抛弃用了近20年、圆润亲切的小蓝鸟，换上"冷酷犀利""拒人千里"的"X"（见图7-24），对于拥有过亿用户的社交平台Twitter来说，未免太过激进，也不合时宜。

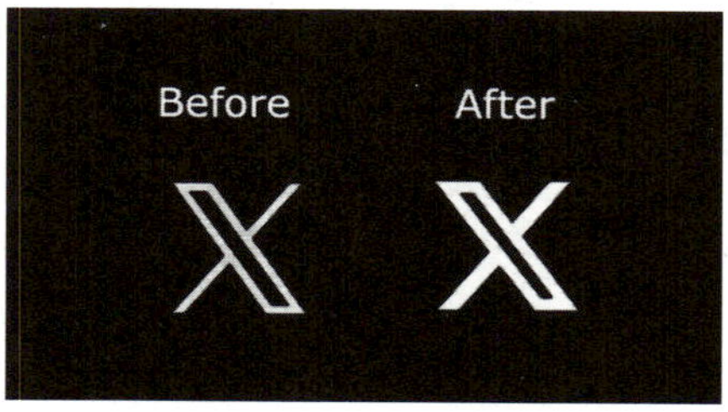

图7-24 Twitter的新Logo

不过，"X"对于马斯克来说意义非凡。20多年前，他创办了一家名叫X.com的一站式理财数码店，提供银行开户、办理缴费、发放贷款、办理投资"一条龙"服务。这款产品后来被收购，成为家喻户晓的贝宝（PayPal）。如今，他买下Twitter，改名为"X.com"，终极目标是打造一个类似于微信，提供视频、照片、消息、支付等服务的“一站式”应用。

风格特立独行的马斯克对设计和审美也有自己的理解。尽管他曾在一次采访中直言不讳地表示“设计被高估了”，但他早年曾以特斯拉产品总监的身份主导整个系列的设计。

有观点认为，马斯克正在为“X”制定新的可能性。他逐渐疏远 Twitter 的传统用户，目的是重新构建这个平台的用户画像——吸引其他品牌的用户，并将那些不赚钱的质疑者刷走。当大多数论调都认为 Logo 的改变太过突然和不可逆时，马斯克过去的经历表明他是一位战略家，这种转变的实际目的和效果还需要一段时间的观察，他随时会根据反馈的信息做出调整，甚至是反转。

分析：结合品牌标志设计的相关内容思考，推特从“小蓝鸟”改为“X”是好事还是坏事？

第八章 品牌推广

学习目标

知识目标： 在4P营销理论框架下了解品牌推广和产品、价格、渠道之间的关系；理解品牌推广是以建立品牌忠诚为目的的企业营销活动。

能力目标： 掌握品牌在不同策略组合下应如何进行品牌推广活动；能够通过提高品牌知名度和建立品牌联想来建立品牌忠诚。

素质目标： 充分认识到品牌推广的最终目标是建立顾客对品牌的忠诚。

知识导图

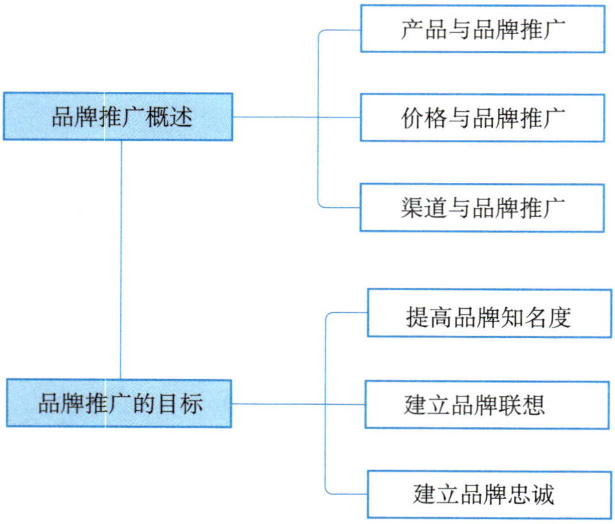

引导案例

作为雪糕界的网红品牌，早在2020年的“双11”，钟薛高就创造了一小时5万只、当日销售额突破400万元的佳绩。疫情之下，钟薛高一直保持着傲人的销售业绩，屡创销售奇迹：2021年“6·18”活动期间，3分钟销售额超过了2020年全年收益；价格高达十几元甚至近百元的一支雪糕曾创造了1分钟销售10 000只的纪录。疫情三年，钟薛高累计销售了近1亿只雪糕。这只长得像瓦片一样的弧形回文雪糕，在短短三年内迅速成为人们耳熟能详的高端冰品的代表。和其他传统雪糕相比，钟薛高主要有如下几点突破：首先是浓缩了产品线，长期销售款仅为15个，产品线分为基本款、季节款、爆品款，不同产品循环上市。基本款是引流产品，突出产品性价比；季节款与全年特定节日相关联，让消费者记住和消费产品，比如金桂红小豆系列，就是在秋冬季节推出的；爆品款自带流量，目的是制造话题，引发媒介事件和消费者的关注，如售价66元一只的厄瓜多尔粉钻，“双11”期间限量销售20 000只。其次是非常注重在朋友圈投放流媒体广告，此外还与故宫、泸州老窖、娃哈哈、三只松鼠、奈雪的茶、五芳斋等品牌联名跨界合作，如和娃哈哈推出一款“未成年雪糕”，主打怀旧情怀；和小米联名推出“小米青春版雪糕”；和天猫平台合作，推出“发呆”雪糕，并基于此设计了一系列产品周边。最后，钟薛高还打破了消费者线下单只购买雪糕的习惯，开启了批量线上购买模式，顺丰冷链配送，每个产品包中用零下78度干冰保冷，保证产品48小时内送达。

第一节 品牌推广概述

20世纪60年代，杰罗姆·麦卡锡提出了4P营销组合策略，即产品（Product）、价格（Price）、渠道（Place）和推广（Promotion），该理论又被称为4P理论。1967年，菲利普·科特勒对4P理论进行了详细解读和分类，他将企业营销活动效果的因素分为两类：一类是企业外部环境因素，包括政治和法律环境、文化和社会环境、经济环境、技术、渠道企业、竞争对手、消费者、媒介环境和公众等；另一类是企业内部环境，是企业可控制的因素，包括产品、价格、渠道、推广等。企业可以通过控制内部因素来应对外部环境的变化，因此，企业营销活动的核心就在于企业对产品、价格、渠道和推广进行有效组合。

品牌推广是企业营销活动的重要环节。品牌推广是指使企业说服消费者购买品牌产品或服务的一切促进销售的工具、手段和活动的组合传播活动。品牌推广策略的制定既要考虑企业面临的外部环境，也要结合企业产品、价格和渠道等内部情况。菲利普·科特勒认为，每一次推广都要和企业品牌长期战略一致，推广不是为了满足销售目的的随意手段。大卫·奥格威在其著作《一个广告人的自白》中也提到，“无论做什么广告宣传，都不是一件一劳永逸的事，而是对品牌性格的长期投资，目的是向世界推出一个前后一致的品牌形象”。

一、产品与品牌推广

菲利普·科特勒认为，产品是任何一种能被提供来满足市场欲望和需求的东西，包括有形物品、服务、体验、事件、人物、地点、财产、组织、信息和想法等。要想在市场竞争中胜出，产品必须做到差异化。根据《营销传播》（第 16 版）观点，产品差异化包括产品核心功能、特性、性能质量、一致性质量、耐用性、可靠性、形式、风格和定制化服务。品牌推广可以根据品牌产品的差异化特征展开。产品的差异化体现在以下两个方面。

（一）包装

产品的差异化最直观的感受来自产品的包装。随着经济社会的发展，产品包装从简单的标识、卫生、便于存储和运输等实用功能发展出多种营销层面的功能。产品包装能够带给消费者最直接的视觉体验，陈述产品信息和主要卖点，帮助消费者建立品牌联想。好的包装能够吸引消费者，鼓励他们选择该产品。

因此企业在产品包装设计过程中要考虑商超陈列效果，能够方便零售商和销售人员摆放商品、介绍商品信息。引人瞩目的产品包装和精巧的包装设计能够让消费者在商品种类繁多、信息冗杂的消费环境里迅速锁定目标。产品包装的费用是品牌管理者必须承担的，同时也是品牌信息传播的免费载体。品牌营销者如能对包装的品牌传播媒介功能予以充分利用，则能为品牌节省一大笔开支，还有可能收获意想不到的效果，如获取私域流量，成为消费者拍照上传社交媒体平台的爆款。

产品包装视觉要素包括商标、文字、图像和包装造型等，产品包装的总体风格要在一定时间和地域内保持一致，方便消费者识别和购买。消费者不一定看过品牌耗资巨大的广告或参与过品牌在特定时间、地点举办的营销活动，给消费者留下第一印象的还是产品本身。产品包装要符合品牌形象，能够有效传达品牌价值，能够准确传递产品特点和信息，同时注重消费者体验，考虑到消费者购买动机和使用场景的差别。

经典案例

可口可乐弧形瓶

举世闻名的可口可乐其实早在 1927 年就已经进入中国市场，除了它独特的口味备受消费者的喜欢，其瓶身设计也成为近代商业艺术史上的经典之作。它的设计故事被人们津津乐道。经典的玻璃弧形瓶外观别致，握在手上不易滑落，瓶身中间大、下面小，给人一种沉甸甸的手感。据说可口可乐弧形瓶可以做到“即使在黑暗中仅凭手部触摸就可以分辨出来，光亮中即使看到瓶子的局部，也能让人马上认出这是可口可乐”。可口可乐弧形瓶的设计灵感来自 20 世纪初美国女性喜欢穿的一种脚伴裙，这种裙子圆润饱满，在膝盖处裙身变窄，可以充分展现女性的曲线美。1915 年，这种弧形曲线瓶代替了之前的直身瓶，成为可口可乐的经典包装。此后，瓶身曲线几经调整，成为 20 世纪最经典的产品包装之一。波普艺术画家安迪·沃霍尔这样谈可口可乐：“你知道总统喝可乐，丽斯·泰勒喝可乐，然后想想，你也可以喝可乐。可乐就是可乐，没有更好、更贵的可乐，你喝的与街角的叫花子喝的一样，所有的可口可乐都一样好。”1962 年，他创作的《可口可乐瓶》成为波普艺术的代表之作，开启了一个全新的现代艺术流派。

（二）产品组合

大多数产品并非单独存在，虽然有一些产品作为整个品牌的明星产品被人们熟知，甚至成为整个品牌的重要收益来源，但产品组合或产品线可以帮助产品满足不同顾客的细分群体需求，也可以应对产品生命周期在不同阶段的问题。

产品组合通常包括一个公司的所有产品，其中又可根据不同产品品类建立产品系列。以宝洁公司的部分产品组合为例，其可分为洗发护发、护肤美容、个人清洁、口腔清洁、女性及婴儿护理、织物和家居护理、食品等品类，洗发护发品类之下有飘柔、海飞丝、潘婷、沙宣、伊卡璐、沙宣等品牌，每个品牌的产品又有洗发水、护发素、护发精油、发膜等产品。一般来说，不同品类的产品推广策略可以完全不同，但同一品牌下的产品往往基于同一品牌定位和品牌形象，制定品牌营销推广策略。宝洁最擅长的就是开创新品类，抢占消费者心智，每个品牌的广告只围绕品牌特性展开，当消费者有相关消费需求时，对应需求的品牌名立刻映入消费者脑海中。例如：

飘柔：让头发变得更柔顺。

潘婷：修护受损头发。

海飞丝：专业去屑。

伊卡璐：草本精华。

沙宣：造型设计。

产品组合具有一定的宽度、长度、深度和一致性。宽度是指公司经营不同产品线的数量。长度是指组合中产品的总数量。深度是指产品线中每一类产品可供选择的变体，如不同香型、不同配方、不同形态的变体。一致性主要体现在产品的最终用途、生产要求、分销渠道、推广方式等方面是否紧密联系。公司可以根据这四个方向增加新的产品线，满足顾客对产品升级换代的需求，设计与产品使用相关的服务、场景，提升顾客的消费体验，也可以根据媒介技术的升级、消费者与品牌的接触点的场景需求变换品牌推广策略。

二、价格与品牌推广

价格是影响买方选择的重要决定性因素，也是营销 4P 组合中唯一产生收入的要素（其他要素都是产生成本的要素）。在人类历史上的大部分时间，商品的价格都是通过买家和卖家协商确定的。在互联网时代，平台通过汇聚大量卖家商品，顾客可以以非常低廉的成本轻松比价。而卖家也可以采用更为灵活的定价策略实现利益最大化，如“双 11”期间电商平台推出的优惠价格，以及一些商品在需求旺盛时段定价更高。

在新产品上市之前，或当产品进入新的分销渠道或地理区域公司时，企业必须对产品进行定价。企业通过定价向消费者传达产品或品牌的价值，如奢侈品品牌为了区隔大众消费阶层往往定价较昂贵，而定位“轻奢”的品牌价格往往要明显低于奢侈品品牌价格，但要高于普通品牌价格。同时，价格也是品牌展现其自身理念、服务或形象的重要工具。人们往往对同类产品中价格较低的品牌更有好感，如蜜雪冰城的品牌理念是“让全球每个人享受高质平价的美味”，其现制茶饮和冰激凌价格明显低于其他同类品牌。价格优势是蜜雪冰城快速发展并赢得消费者喜爱的重要手段之一。

（一）价格策略与推广策略的关系

品牌定价的目标是实现当前的品牌战略，同一产品在不同的生命周期阶段定价目标不同。产品的生命周期通常指产品从进入市场到退出市场的全过程，特指产品的经济寿命。产品生命周期的长短和所处阶段一般都由技术和需求决定。典型的产品生命周期一般分为四个阶段：进入期、成长期、成熟期、衰退期。

1. 进入期

这一时期产品的销量较少，知名度较低，产品的制造成本和推广成本较高，商家的利润较低。因此，这一阶段的推广目标是把产品投向最有可能购买的顾客。这类顾客可能具备愿意尝试新技术、支付较高价格的特质，或者是现有品牌的高度忠诚支持者，通过精准定位让市场尽快接受产品，缩短产品进入期，尽快降低产品的相关成本。这一时期可以采用的定价策略是撇脂定价策略和渗透定价策略。

（1）撇脂定价策略，分为快速撇脂定价策略和缓慢撇脂定价策略。当公司采用快速撇脂定价策略时，产品定价较高，并在产品推广方面进行高额投入，目的是快速建立产品知名度，占领市场。与此相反，缓慢撇脂定价策略则是采用产品高定价的同时尽量低地控制推广方面的开支，以谋求高额利润。撇脂定价策略有几个前提：高定价不会带来更多的竞争者快速进入；高定价能够传递优质卓越的品牌形象，与品牌以往的定位保持一致；新产品的推广范围和推广力度能够为品牌提供足够多的买家。

（2）渗透定价策略，分为快速渗透定价策略和缓慢渗透定价策略。当公司采用快速渗透定价策略时，新产品定价较低，推广费用较高，目的在于快速打开知名度，占领市场。随着销量增加，产品的单位成本会降低。与之相反，缓慢渗透定价策略是产品定价较低，推广费用也较低，以尽可能降低营销成本。渗透定价策略的使用条件是：市场对价格敏感度较高，低价能够刺激市场增长；低价能够抑制潜在竞争者；随着市场的扩大，产品的单位成本（包括制造成本和推广成本等）能够快速降低。

2. 成长期

进入期过后，产品在消费者中形成了一定的知名度，老顾客持续购买，并不断有新顾客加入，销售量和企业利润迅速增长，这时产品就进入了成长期。这一时期产品的单位制作成本、渠道成本和推广成本不断降低，但新竞争者会持续加入，竞争更激烈，企业需要维持市场增长率，延长利润期，保持或增加总体推广费用。这一时期的定价和推广策略主要包括：

（1）改善或提升产品质量，保持质量领先地位。推广过程中不断宣传品牌提供的高品质产品和服务，吸引中高程度的客户群体，传达品牌的定位。

（2）适时降价，推广过程中强调产品正在打折或降价，吸引对价格敏感的消费者。

3. 成熟期

成长期过后，产品销量达到峰值后缓慢下降，产品的利润也从最高点逐步下降，与此同时，竞争者不断加入，消费者可选择的同类产品大量增多，产品进入成熟期。进入成熟期的产品可以通过对产品、价格、渠道和推广四个营销因素进行组合调整的方式刺激销量回升，如产品技术的升级和产品整体概念的调整都可以视为新产品的推出，打折或降价，拓展渠道，开辟新市场，改变推广方式，调整推广策略等。此外，发现产品新用途，重新锁定目标客户，也能够为产品带来销量。

4. 衰退期

当消费者的消费习惯已经发生改变，革命性的新技术和替代品大量上市，竞争者纷纷退出原有市场，产品销量锐减，企业难以通过销售维持再生产时，产品就进入衰退期。这一时期产品可能面临更为复杂的内外部环境。企业可以继续延续以往的营销策略，直到产品完全退出市场；也可以对原有产品线进行整合，将产品纳入新的产品组合中；企业可以逐步降低推广费用，减少分销渠道，如只服务于极端忠诚的客户，以保持利润；企业也可以立刻放弃对该产品的经营，将现有的资金和技术投入新产品的开发和推广上。

（二）价格变动对品牌价值的影响

品牌价格是品牌认知价值的体现，品牌认知价值包含产品价值和认知价值。产品价值是产品功能满足消费者需求所产生的价值，认知价值是在产品价值基础上，产品能够满足消费者心理需求和思想需求的价值。产品价值一般体现的是产品的成本＋行业平均利润，认知价值体现的是品牌溢价。一般而言，品牌溢价是由消费者决定的。

企业的定价过程基本可分为六步：确定定价目标，确定消费者需求，估计成本，分析竞争者成本和价格，选择定价方法，最终确定价格。

品牌价值由品牌获利能力、市场容量、目标顾客等多种因素决定。对消费者而言，价格和品牌价值之间关系密切。高价商品往往品牌价值较高，因为高价商品能够给企业带来高额利润，目标顾客的购买力强，品牌的潜在获利能力强。但低价商品的品牌价值不一定低，许多世界知名品牌的产品价格可能会走低价策略，比如可口可乐很长一段时间在美国市场的定价都只有 5 美分。

价格的变动对品牌价值影响巨大，高价商品特别是奢侈品降价会损害消费者对品牌的认知价值，人们会认为频繁降价或打折的高价产品正在失去其原有的品牌文化和品牌价值。同类产品竞争过程中，无底线的价格战通常也会带来行业的混乱，不同品牌间的定位模糊，损害了品牌形象和品牌地位。在制定产品推广策略时，需要根据品牌定位和品牌价值制定推广方案，一味地降价促销只会带来市场价格的失控，还有可能出现不同渠道或区域间窜货的情况发生，给品牌的管理带来麻烦。品牌应对不同区域制定统一指导价，严禁分销商和代理商随意降价，扰乱市场。

三、渠道与品牌推广

电子商务、跨境电商、直播带货等全新销售形态的出现给消费者带来最大的感受就是能够更加便利地购买商品。当人们看到一则广告时，能以极低成本进行同类商品的比价，通过评论区或种草帖对该商品的使用体验进行全方位了解，并可以非常方便地找到购买方式并下单。先进通达的物流系统快速将商品送到消费者的手中，消费者购买商品的时间成本和经济成本大大地降低了。这一切的背后是 20 世纪末兴起的基于互联网技术的电子商务引发的一系列新技术、新商业模式对传统营销渠道的补充和改造。在今天，传统营销渠道和电子商务正在形成全新的营销渠道组织结构，品牌渠道策略的改变必然带来品牌推广策略的变化。“6·18”“双 11”“双 12”等营销节日的出现和抖音、小红书等社交媒体的卷入，共同铸就了当代消费奇观。

迈克尔·所罗门认为，营销渠道是一整套相互依存的组织，这些组织促使顾客能够顺利地使用或消费产品及服务。它们是产品或服务在生产环节后所经历的一系列途径，以被使用者购买并使用而告终。渠道是一个相互依赖共同发展的整体，渠道的核心价值在于满足消费者的需求。目标消费者不同，提供商品和服务的渠道也不同。比如人们做饭购买新鲜食材，许多老年人时间较为充裕，喜欢一大早去附近的菜市场选购，一部分中年人会在一天结束时下班顺路去超市采购，许多年轻人会通过超市的电商平台下单，还有很多人会在直播间预订食材，定期送货上门。渠道的多样性满足了不同消费者的需求。

品牌推广和产品分销两者相互影响，品牌的推广带动了销售，销售的增加促进了品牌的普及。在传统营销环境下，品牌广告和促销广告往往是相互独立的。电商时代的到来让品牌推广和产品分销两者逐渐走向融合。无论是电商平台还是品牌主播都必须同时注重品牌推广和产品销售。营销推广活动既要传播和维护品牌形象，又要将媒体声量转化成销量。如在抖音、快手等短视频直播平台上开店的品牌，既要卖品牌，又要卖货。

品牌的推广形式有许多。以消费者品牌价值为核心的理念中，品牌更注重大众媒体、专业媒体、意见领袖和消费者体验；以渠道为核心的品牌价值中，品牌还需要关注渠道成员的业务合作体验和售点活动。业务合作体验的好坏直接关系渠道其他成员对企业的评价。渠道成员合作的积极性和企业在同业的口碑，关系着市场对企业和品牌的长久信心。在售点活动中，加盟商意愿、卖场组织经验、促销人员培训、促销活动参与成本都影响了消费者和加盟商对品牌价值的认知。渠道是品牌推广的主力，而品牌需要不断降低加盟商和消费者参与和购买成本，引导渠道组织成员形成对品牌推广策略的充分理解。

经典案例

星巴克的下沉之旅

原本在中国主要布局在一线城市和新一线城市的老牌咖啡品牌星巴克，2022 年 9 月，开始在广东清远、江西新余、山东威海等地开设门店。1999 年，中国国内第一家星巴克在北京开业至今，门店多位于高端写字楼和繁华商业地段，创始人舒尔茨力图将星巴克打造成“第三空间”，让星巴克的门店成为商务会谈和都市白领休闲放松的场所。星巴克可能是最早一批主打“体验消费”的品牌。随着咖啡在中国消费者中的普及，消费者进店的目的由原来的休闲、享乐，逐渐变成快速购买饮品。此外，瑞幸、三顿半等国产咖啡品牌的崛起也让星巴克不得不开拓更多市场以维持经营。和一线城市鳞次栉比的咖啡品牌相比，小镇里的咖啡品牌相对较少，虽然消费水平比不上一线城市，但占据县城小镇购物中心和核心地段的星巴克，凭借其二十多年来在中国累积的知名度，还是吸引了顾客。在这里，星巴克依旧可以保留“第三空间”的品牌定位，客户群主要是白领和学生，他们有充裕的时间到店社交或独处。《2022 年本土咖啡消费趋势洞察报告》中的数据显示，目前消费者能接受的现制咖啡价格为 16～25 元，星巴克每杯咖啡的价格普遍在 30 元以上，这样的价格在县城小镇又有多少消费者能接受呢？面对价格更为敏感的下沉市场，星巴克只能频繁打折，促销活动很受消费者欢迎。

第二节 品牌推广的目标

品牌推广的最终目标是建立顾客对品牌的忠诚。如果没有建立顾客忠诚，品牌将不得不花大力气投资获取新顾客，以取代那些转向竞品的顾客。留住老顾客和获取新顾客直接影响品牌利润，菲利普·科特勒将顾客知晓产品到成为品牌的忠诚拥护者这一过程总结为五个阶段：知晓（awareness）、诉求（appeal）、询问（ask）、行动（action）和拥护（advocate）。这五个阶段可以称为获客漏斗。本书将这个过程简化为三个步骤：提高品牌知名度、建立品牌联想和建立品牌忠诚。

一、提高品牌知名度

品牌的差异性帮助顾客识别品牌，这种差异需要体现在品牌推广和产品使用的方方面面。因此，在品牌推广过程中，我们需要让消费者对品牌信息形成尽可能全面的认识。品牌信息主要包含品牌名称、品牌标志、产品外观、广告诉求、产品价格、销售渠道、市场行为、服务水平和公共关系等诸多方面。品牌在进行信息传播时，应充分考虑到消费者可能与品牌发生的接触点，在这些接触点进行有针对性的品牌推广活动。接触点是指凡是能够将品牌信息传递给目标消费者或潜在消费者的契机或媒介，消费者在接触点获得品牌信息、确认品牌形象、修正品牌认知，这些都有可能成为其实施购买行为的依据。具体来说，接触点可以是机场广告牌、产品包装、亲友闲聊中无意间谈起、客服人员的待客之道、产品整体摆放在商超里的位置和方式等。所有品牌与消费者的接触点，都在经年累月地影响着品牌与消费者之间的关系，消费者可能在与接触点的任何一次触碰之后都会形成购买行为。

建立品牌认知需要企业通过全面的市场调查了解消费者需求，精准定位，锁定目标市场，制定适合品牌发展的推广策略。

（一）在更贵的媒介上投放广告

无论是传统媒体时代，还是互联网智能网联时代，售价更贵的媒体版面、时段、流量往往意味着该媒体公信力更高、受众影响更广、信息传播效果更好。在企业的营销预算之内，尽可能选择更贵的媒介组合，可以让品牌信息传播事半功倍。

（二）精心设计品牌信息

品牌信息包含广泛，今天的人们被海量的信息包围，因此，当人们看到或听到某一品牌营销信息时，往往很难形成认知和记忆，这就需要品牌精心设计营销信息。精心设计过的品牌信息可以包含朗朗上口的品牌名，惊鸿一瞥之下就能留下印象深刻的品牌标志和品牌形象，不知不觉跟着哼唱的品牌歌曲，设计精美、关键信息完整的产品包装，路过就被吸引的门店设计等。对于品牌商来说，他们往往会在大众媒体的品牌信息投放上投入更多精力，而对大众媒体之外的品牌信息传播不够重视。大众媒体的品牌信息传播和消费者之间的信息传播同样重要，精心设计的品牌信息既能够为消费者的二次至多次传播提供素材和切入点，也能为短视频平台二次创作提供丰富的内容和素材。

（三）大数据背景下的精准营销

作家刘慈欣的名作《三体Ⅱ：黑暗森林》为我们描述了主人公冬眠205年后的所见所闻：那时的技术在人左臂上植入芯片作为身份ID，所到之处都是动态信息窗口，墙壁上、桌面上、椅子上、地板和天花板上，甚至水杯和餐巾纸盒上都有操作界面、滚动文字或动态图像显示，连衣服鞋子都能当电脑用。主人公不熟悉这个科幻世界，不小心发生了事故。当他走进一家餐厅坐下后抽出一张餐巾纸，纸巾盒的显示屏被激活，一个漂亮女孩向他推销创可贴，因为大数据系统通过他今天的遭遇推测他胳膊、腿上可能有擦伤。

这类高超的营销技巧并不只是幻想，其在现实中已经可以初见端倪，这就是时下最流行的精准定向传播，借助搜索引擎营销、程序化购买和智能算法等互联网科技，有可能实现数据库营销和直效营销，通过掌握消费者联系方式、浏览记录和背景资料，建立起数据库，一对一进行营销信息的推送。这种营销方式能够通过数据有效控制品牌信息传播的成本，观测品牌信息传播出去后的销售转化率，将产品推送到核心目标客户那里，减少推广费用的浪费。

（四）重复传播品牌信息

市面上的绝大多数品牌和品牌信息对于个体消费者而言都是陌生的，信息的传播往往需要大量时间，许多品牌信息还没有到达目标消费者，品牌就更换了新的营销信息，组织新一轮的推广。所以许多营销推广活动尽管在企业方看来声势浩大，但对大多数消费者而言却从未知晓。即便少数品牌信息到达消费者，但由于身处海量信息包围中的消费者很难通过短暂的一次接触就对品牌形成记忆和认知，因此企业需要对品牌关键信息持续不断重复传播，让品牌能够在社会上形成普遍的认知和共识，甚至在不同国家和地区间、代际间形成共识。

二、建立品牌联想

品牌联想是消费者在接触品牌时联想到的内容，包含消费者对品牌的认知和理解，具有抽象性、主观性和随意性等特点。品牌联想的路径复杂、内容广泛，可能是一个符号、一个人，也可能是产品的功能、使用体验，又或者是大众媒体上的普遍共识。并不是所有品牌联想都有利于品牌形象的塑造和品牌价值的提升，因此企业需要挑选出有利于品牌发展的联想，通过大众媒体、社交媒体和其他多种渠道强化这些联想，并力争让这些品牌联想持久化、固定化。例如：当人们看到麦当劳，就会想到大写的黄色字母M、麦当劳叔叔、薯条、汉堡等，也可能想到垃圾食品、美国快餐、油炸等。麦当劳的官方微博喜欢和网友积极互动，而对一些没有开设麦当劳门店的偏远地区，则很难形成清晰的品牌联想。

有学者将品牌联想分为三类。

（一）属性联想

属性联想包含产品、价格、包装或产品外观、该产品的一般消费者类型、产品使用场景联想等。人们会对产品的价格分外敏感，产品的价格往往浓缩了产品的一般消费者类型和产品使用场景，人们会通过已有信息和主观想象完成对这两类信息的补充。比如一说到星巴克咖啡，很多人就会想到在星巴克店内一边喝咖啡一边办公的精致白领。

（二）利益联想

利益联想包含功能利益、经验利益和象征利益。功能利益是指产品或服务的内在优势；经验利益是指产品或服务给人的感觉，往往与品牌的产品属性密切相关，如感官乐趣、刺激、丰富性等；象征利益是指品牌的社会认同，如即便大多数人一生都不会购买爱马仕，但人们会认为这个品牌是顶级奢侈品的代表。当人们形容一个产品是某个产品品类的翘楚时，往往会说它是这个品类中的“爱马仕”。

（三）态度联想

品牌态度是消费者对品牌的整体评价，也是消费行为的基础。公众对品牌的态度有时能够影响品牌的发展，例如：2021 年河南水灾期间，许多品牌慷慨解囊，向灾区捐款捐物，赢得了网友的强烈好感，网友纷纷在其直播间和各地门店下单抢购，几个原本濒临破产的品牌起死回生，重新回到大众视野。

三、建立品牌忠诚

品牌忠诚是消费者出于对某品牌的偏爱，愿意付诸长期、重复购买的意愿与行为。品牌忠诚型顾客愿意以全价或较高的价格支付，愿意向熟悉的人主动推荐该品牌，愿意接受该品牌的延伸品牌或新产品。顾客的品牌忠诚是品牌价值的来源，也是企业最重要的品牌资产。对企业而言，维系老顾客要比开发新顾客具备更高的经济效益，能为企业创造高额利润，减少企业的营销成本。品牌忠诚型顾客不会因为新品牌或竞争品牌的优势而轻易转换品牌，从而为品牌商减少了许多竞争压力，赢得了宝贵的竞争时间。从某种意义上来说，一个品牌拥有的忠诚顾客越多，该品牌的价值就越大。

从顾客角度出发，选择对某一品牌持忠诚态度可能出于以下几个原因：

（一）满意心理

若产品功能和产品质量超出顾客愿意为此支付的价格，满足了顾客的功能需求和心理需求，为顾客提供了预料之外的体验和乐趣，就有可能促使顾客再次发生购买行为。

（二）回避风险或降低成本心理

对于顾客而言，转换购买对象意味着额外承担一倍的购买风险。顾客在购买复杂商品如高科技产品或价格较为昂贵的商品时通常已经花费较多的精力进行筛选和比价，出于经济的考虑，买用过的品牌产品是顾客回避知觉风险和降低筛选信息成本的常见策略。

（三）自我表现心理和社交需求

人们在社会交往中有时需要“社交货币”来让自己看起来具备更高价值。使用优质的品牌商品并向熟悉的人推荐，是人们常用的“社交货币”。这些品牌产品或功能卓越，或精工细作，或物超所值，或能彰显身份地位，都有可能赢得人们的喜爱，并作为“谈资”向他人展示。品牌所代表的文化和价值取向是顾客对个性彰显和生活态度的物质化实体，品牌形象和定位反映了消费者的自我概念。

不过，品牌忠诚型顾客对品牌产品的期待值往往比新顾客要高，企业需要持续不断地提升产品品质和服务质量，以满足顾客对品牌的期待。此外，竞争对手无法提供的特殊价值，如独特的产品使用方法、精美的包装、定制化服务和配送系统、贴心的售后服务，这些产品之外的利益才是品牌能持续不断吸引顾客的因素。因此，企业在品牌推广方面，要注重这些差异化的特殊利益在营销内容中的呈现，并保证能持续高质量提供超出顾客预期的产品购买和使用体验，还需在企业品牌理念、企业经营行为及其结果、品牌视觉呈现等方面满足忠诚型顾客的期待，以避免这些顾客转向竞品。

日用品企业多品牌推广策略研究——以宝洁公司为例

本章小结

本章的理论框架是 4P 营销理论，从以顾客为中心的观念导向理解品牌价值和购买行为。品牌推广策略的制定必须与品牌产品、价格和渠道的特点相结合，切忌盲目跟风。顾客忠诚是品牌价值的核心，但维系忠诚型顾客同样是一个复杂的命题。消费者对企业和品牌的期待早已超过了产品的功能本身，企业品牌理念、企业经营行为、大众媒体呈现和社交媒体互动、品牌视觉呈现等方面也是他们关注的重点。

本章测试

一、名词解释

品牌推广　　撇脂定价策略　　品牌联想　　品牌忠诚

二、判断题

1. 无论做什么广告宣传，都不是一件一劳永逸的事，而是对品牌性格的长期投资，目的是向世界推出一个前后一致的品牌形象。（　　）

2. 价格的变动对品牌价值影响巨大，高价商品特别是奢侈品降价会损害消费者对品牌的认知价值，人们会认为频繁降价或打折的高价产品正在失去其原有的品牌文化和品牌价值。（　　）

3. 在企业的营销预算之内，尽可能选择更便宜的媒介组合，可以让品牌信息传播事半功倍。（　　）

4. 并不是所有的品牌联想都有利于品牌形象的塑造和品牌价值的提升。（　　）

5. 顾客的品牌忠诚是品牌价值的来源，也是企业最重要的品牌资产。（　　）

三、选择题

1. 产品在消费者中间形成了一定的知名度，老顾客持续购买，并不断有新顾客加入，销售量和企业利润迅速增长，这时产品就进入了（　　）。(单选题)

A. 进入期　　B. 成长期　　C. 成熟期　　D. 衰退期

2. 当消费者的消费习惯已经发生改变，革命性的新技术和替代品大量上市，竞争者纷纷退出原有市场，产品销量锐减，企业难以通过销售维持再生产，产品就进入（　　）。(单选题)

A. 进入期　　B. 成长期　　C. 成熟期　　D. 衰退期

3. 有关精准营销，下列说法正确的是（　　）。(多选题)

A. 借助搜索引擎营销、程序化购买和智能算法等互联网科技，有可能实现数据库营销和直效营销

B. 通过掌握消费者联系方式、浏览记录和背景资料，建立起数据库，一对一进行营销信息的推送

C. 这种营销方式能够通过数据有效控制品牌信息传播的成本，观测品牌信息传播出去后的销售转化比率，将产品推送到核心目标客户那里，减少推广费用的浪费

D. 精心设计的品牌信息能够为消费者的二次至多次传播提供素材和切入点，也为短视频平台二创内容提供了丰富的内容和素材

4. 从顾客角度出发，顾客选择对某一品牌持忠诚态度可能出于（　　）。(多选题)

A. 满意心理　　B. 回避风险心理　　C. 降低成本心理　　D. 自我表现心理

5. 品牌联想可分为三类，包括（　　）。(多选题)

A. 属性联想　　B. 利益联想　　C. 态度联想　　D. 价值联想

四、简答题

1. 简述价格变动对品牌价值的影响。

2. 简述品牌在成长期的定价和推广策略。

3. 如何提高品牌知名度?

4. 顾客选择对某一品牌持忠诚态度可能出于哪些原因?

五、论述题

1. 如何在品牌推广中建立品牌忠诚?

2. 在大数据、云计算不断进化的今天，精准营销已经成为品牌线上推广的主要方式，根据消费者的浏览行为和兴趣特征推送其有可能感兴趣的内容，使得品牌传播从兴趣到购买的转化率大大提升。请问在这样的营销趋势下，品牌是否还应该在知名度方面不断追加投入?

六、案例分析题

蜜雪冰城被“绿”了，为什么大家拍手叫好?

2023 年 8 月 2 日，知名茶饮品牌蜜雪冰城在小红书上发布了蜜雪冰城最新邮局主题门店的装修效果图。该门店坐落于西安市雁塔区小寨邮局旁，是蜜雪冰城与中国邮政集团有限公司陕西分公司合作推出的主题店。门店内部保留了蜜雪冰城门店通常都有的点单台、手绘墙、雪王魔法铺零食产品、就餐区，店内装修主题颜色也是绿色，在进门处设立了中国邮政的邮筒。有路人拍摄了正在施工的蜜雪冰城绿色门店，并配文称：“雪雪你是有什么难言之隐吗? 我的雪王变绿王了。”

蜜雪冰城看见被网友发现，第二天就在官方账号上承认了此事，并配文说：“雪雪我啊，瞒不住喽。”该消息一出，网友纷纷在社交媒体蜜雪冰城相关主题视频的评论区热议，称赞蜜雪冰城的这次营销活动“考编上岸”了，更有甚者还拉来了蜜雪冰城的竞品——瑞幸咖啡来调侃，为蜜雪冰城这次推广活动赚足了声量。

中国邮政是老牌国有企业，总共有 9 000 多个揽投部、50 000 多个营业支所局和 40 000多个投递服务网点，蜜雪冰城这次将与其中的 20%邮政网点进行合作。这次合作有助于蜜雪冰城背靠中国邮政强大的网店布局门店，进一步提升知名度。此前，中国邮政曾跨界开设奶茶店“邮氧的店”，但反响一般，有网友评论说邮政和蜜雪冰城联名此举，几乎可以宣告“邮氧的店”跨界尝试失败，而两家品牌联手则是一场双赢。

在营销方面颇为活跃的蜜雪冰城在品牌联名方面反而较为谨慎。在“出道”的 5 年时间里，蜜雪冰城只有 3 次和其他品牌联名，另外两次分别是和蛋仔派对、吉利旗下的熊猫 MINI 的联名。两次联名的共同点是充分发挥蜜雪冰城品牌主题歌舞在消费者中的传唱度，利用雪王和联名品牌 IP 生动可爱的形象展开互动，发挥萌文化的优势和影响力。

“雪王”出道 5 年，大众对“雪王”的喜爱可以说与日俱增，主要是因为蜜雪冰城在产品价格、企业品牌理念、企业经营行为、品牌视觉呈现等方面满足了消费者的期待。

蜜雪冰城于 2021 年 6 月 3 日发布主题曲 MV《你爱我，我爱你，蜜雪冰城甜蜜蜜》，随后又上传了中英双语版。这首主题曲 MV 收获了超过 1 282 万次的播放、65 万次的点赞。B站上的UP主们，纷纷在主题曲的基础上进行二次创作，一时间各大社交媒体平台都是这首歌的改编版，连央视网都推出了一条模仿蜜雪冰城主题歌的视频。后又有消息传出，说在门店唱主题曲可以冰激凌免单，于是许多年轻人纷纷去门店打卡，话题热度从线上延续到线下。许多人发现蜜雪冰城的主题曲很耳熟，旋律来自民谣《oh，Susanna》，这是一首由斯蒂芬·福斯特1847年写的乡村民谣，流传至今已有一百多年历史，许多人都能哼唱。此后蜜雪冰城收获了#难怪蜜雪冰城歌曲这么耳熟#、#蜜雪冰城社死现场#、#蜜雪冰城主题曲#等多个热搜。截至2021年6月25日，相关微博话题阅读量超过10亿，抖音话题下也有13.8亿次的播放。蜜雪冰城的吉祥物“雪王”也成为短视频平台的常客，许多短视频中都能看到这个头戴王冠、手持权杖的胖雪人出没。

在蜜雪冰城爆火了一个月后，河南突遭恶劣暴雨天气，总部设在郑州的蜜雪冰城也有不小的损失。但蜜雪冰城仍然为郑州捐款2 200万元，后又追加了400万元。蜜雪冰城利润低廉、自身也身处灾区，还能发此义举，引致许多人纷纷涌入蜜雪冰城门店消费，一时间买一杯蜜雪冰城成为年轻人中最时髦、最正能量的消费行为。许多人不仅购买蜜雪冰城的商品，还热衷于拍摄照片上传到自己的社交媒体账号，形成了一股模仿的潮流，甚至多地爆出“蜜雪冰城捐款后销量暴增，店员累瘫，呼吁大家理性消费”的新闻。2023年夏季，京津冀等地又降暴雨，蜜雪冰城再度捐款，社交媒体上依旧掀起一场好评。

分析：你印象最深刻的蜜雪冰城品牌推广活动是什么？结合本章内容谈谈你对这次活动的看法。

第九章 品牌推广策略

学习目标

知识目标： 了解品牌推广的主要手段和信息策略。

能力目标： 掌握品牌推广的主要手段；了解品牌推广常见的公共媒介和自有媒介；明确制定媒介策略需要考虑的要素和原则。掌握通过寻找合适的信息源、沟通方式和创意策略进行信息的编码，制定信息策略。

素质目标： 灵活运用品牌推广的媒介策略和信息策略，完成品牌营销目标。

知识导图

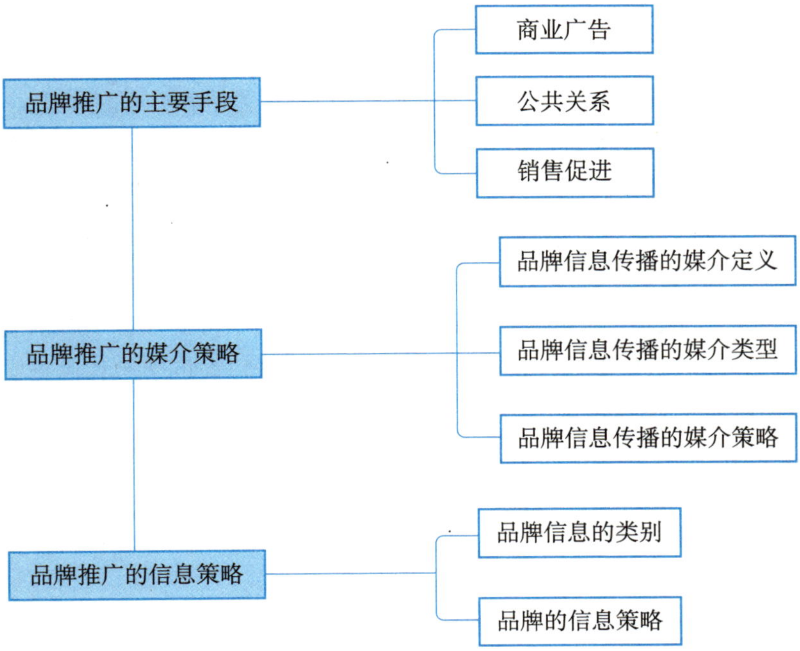

引导案例

2020年4月13日，作为阿里巴巴帮扶中小企业“春雷计划2020”的一部分，饿了么宣布在全国80个城市包下了近4万块户外广告、10万个酒店电视广告位和480万台互联网电视资源，全部免费开放给各地中小餐饮商家为其播放广告，旨在帮助餐饮企业降低营销成本。武汉外卖商户仓桥家、沈阳外卖商户家食乐、杭州外卖商户乔村二十八道菜、杭州外卖商户隐川精致日料等餐饮品牌作为首批品牌，在当周内免费使用这些广告牌，随后还将继续吸引更多外卖商户加入。饿了么在这次官宣的广告语中写道：“希望大家走过路过的时候，如果被他们诚心的推荐打动，可以走到店里去体验一下，或者打开饿了么App下个单。”疫情发生以来，餐饮门店堂食恢复非常缓慢，商家资金周转困难，更无多余预算进行品牌营销，饿了么平台出台扶持政策，无论对餐饮行业还是对广告行业来说都是一件好事。如今，越来越多的互联网企业关注到户外广告的影响力，选择在户外媒体上进行广告投放，增强自身品牌影响力。

第一节 品牌推广的主要手段

4P营销理论框架之下的“推广”（Promotion）是一个广泛的概念。品牌推广的长期目的包含实现并提升品牌价值，为企业累积品牌资产，满足顾客对商品和服务的需求，扮演好企业作为社会器官的职责。在《营销管理》（第16版）一书中，菲利普·科特勒在4P理论框架下将“推广”拆分为“激励”和“沟通”，他认为，“激励”包含价格促销、优惠券和贸易促销；“沟通”包含广告、公共关系、社交媒体和个人销售。两者提供了不同的贡献价值，“激励”提高了供应品的价值，“沟通”帮助顾客了解供应品信息。因此我们可以认为，品牌推广的短期目的主要包含两个部分：促进销售和信息沟通。企业需要根据自身情况和社会环境制定品牌推广策略。总的来说，品牌推广是通过各类媒体传播公司和品牌的声音，帮助消费者不断降低购买决策成本，通过在消费者记忆中建立品牌、创造品牌形象，有助于品牌资产的提升。

一、商业广告

19世纪的西方社会认为广告是有关商品或服务的新闻。从单指一则广告，到包含所有类型的广告活动，随着世界经济的发展，广告的内涵逐渐丰富。美国广告协会对广告的定义是：广告是付费的大众传播，其最终目的是传递情报，改变人们对广告商品的态度，诱发其行动而使广告主得到利益。《简明大不列颠百科全书》（第 15 版）认为广告是传播信息的一种方式，其目的在于推销商品、劳务服务、取得政治支持、推进一种事业或引起刊登广告者所希望的其他反应。广告信息通过各种宣传工具，传递给它所想要吸引的观众或听众。广告不同于其他传递信息的形式，它必须由登广告者付给传播媒介一定的报酬。《中华人民共和国广告法》对“广告”的定义是：在中华人民共和国境内，商品经营者或者服务提供者通过一定媒介和形式直接或者间接地介绍自己所推销的商品或者服务的商业广告活动。

广告的类型有很多，如感性诉求广告、理性诉求广告、幽默诉求广告、恐怖诉求广告、展示型广告、文案型广告、温情型广告、悬念型广告、证言型广告、娱乐型广告、互动型广告等。优秀的广告作品能在特定情景下将品牌定位与消费者联系起来创作故事并传递信息，使消费者形成关于品牌的积极印象。广告应凸显和强化品牌最突出的特征、产品最核心的卖点或价值。品牌广告可以以多种形式出现在受众面前，借助高端媒体形成背书，有助于树立品牌形象和品牌个性。如从墨西哥走向全球的科罗娜啤酒，名列全球啤酒品牌销售排行榜第四，广告通常以年轻人聚会、沙滩派对、度假为场景，画面清爽怡人，与其他啤酒醇厚优雅的形象截然不同，科罗娜啤酒广告传递出时尚、浪漫、轻松愉快的品牌联想，它独创的瓶口插柠檬的饮法让饮用更有仪式感。在与电影《速度与激情》的合作中，饮用科罗娜啤酒的动作和台词穿插在激烈的飞车、爆破等情节中，为影片带来了张弛有度的节奏，令许多观众印象深刻。

广告的表现形式丰富多样、效果鲜明，一些娱乐性较强的广告还能引发消费者的二次传播。但随着传播渠道和传播手段的日益丰富，消费者的信息接触和消费行为日益理性，企业对传统的媒体广告宣传的倚重程度正在降低。

二、公共关系

根据爱德华·伯尼斯定义，公共关系是一项管理功能：制定政策及程序来获得公众的谅解和接纳。公关是社会组织同构成其生存环境、影响其生存与发展的那部分公众的一种社会关系。公关是社会组织为了生存发展，通过传播沟通、塑造形象、平衡利益、协调关系、优化社会心理环境、影响公众的一门科学与艺术。菲利普·科特勒认为，公关是指在各种印刷品和广播媒体上获得报道版面以促销或推广某个产品、服务、创意、个人和组织的基础上，达到协助新品牌上市、成熟品牌再定位、提高品牌态度、缓解品牌危机与建立品牌形象的目的。

公共关系的种类也有很多，如交际型公共关系、服务型公共关系、宣传型公共关系、社会型公共关系、危机型公共关系、建设型公共关系、维系型公共关系、进攻型公共关系、防御型公共关系等。公共关系在品牌传播中的主要作用是提高品牌知名度和美誉度，通过发布权威真实的信息，获取消费者对品牌的积极态度。2020 年 5 月 15 日，罗某在直播间为“花点时间”带货，消费者发微博@罗某表示收到的玫瑰花全都枯萎了，罗某在 5

月20日发微博道歉并回复该消费者，表示将根据协议要求“花点时间”给大家一个交代，同时在直播间额外补偿消费者。罗某在微博上说：“花点时间居然还在担心‘品牌影响’，可笑，有胆量发几千份烂花，还害怕‘品牌影响’?”罗某的回应及时且诚恳，站在消费者立场去做危机公关，将自己从有错的一方变成为消费者伸张正义的一方，把带货翻车变成了个人品牌的一次信任机遇。

相对于付费广告，公共关系活动的传播成本相对较低，能够潜移默化地影响品牌在消费者心目中的形象，但公共关系活动的传播效果往往难以有效测量，许多品牌平时对消费者舆情监测不足，对消费者的品牌预期和品牌认知不准确，一旦爆发危机事件，品牌主或反应迟缓，或推卸责任，往往不能及时组织有效的公共关系活动挽回声誉。

三、销售促进

终端传播中的销售促进是品牌给予消费者某种形式的奖励、回报、折扣或承诺，鼓励消费者购买商品或实现品牌传播目的。销售促进的方式分为：货币性销售促进，包括折扣、优惠券、退换货款等方式；非货币性销售促进，包括赠品样品派发、竞赛、抽奖、积分兑换、产品展示等方式。终端场所是消费者最直接感受到的品牌文化的接触点，品牌的店面设计、商品陈列、人员服务能够让消费者感知品牌、认同品牌，实现品牌传播的最终目的。无论是线上还是线下，销售终端传播是消费三要素——商品、顾客和货币同时具备的关键点上唯一能发挥作用的大众传媒，通过购物环境和购买动机影响消费者的购买行为，是非常关键的决策瞬间。

销售促进是企业常用的品牌传播方式，要谨慎使用，注意销售促进要和品牌形象保持一致，不能为了短期吸引眼球或促进销量而盲目进行。销售促进要与其他种类的品牌传播活动配合进行，促销的额度和频次要合理，以免损害正价购入的消费者的权益，降低消费者对品牌的忠诚，长期依靠销售促进的品牌有时会给人留下廉价、滞销的印象，一些奢侈品品牌宁可在季末将卖不出去的商品销毁，也不会轻易减价销售。

第二节 品牌推广的媒介策略

一、品牌信息传播的媒介定义

广义的媒介包括一切能使人与人、人与物、物与物之间发生关系的物质。狭义的媒介定义在各类传播学著作中的表述不尽相同，批判学派和经验学派都倾向于把媒介放在传播过程中来审视。传统的营销传播活动中，广告居于重要地位，品牌传播媒介可以看作发布广告的大众媒体，如报纸、广播、电视等。随着时代发展，数字营销技术普及，大量新型媒介工具被广泛应用，品牌营销者在选择媒介时必须考虑偏好不同媒介的使用者之间的差异，以及各类媒介对品牌传播活动的影响差异，是否能够完全展现品牌信息，延续品牌形象，增强品牌势能，并时刻注重受众的反馈信息。因此，我们认为在品牌传播过程中，品牌和消费者的任何接触点都可以称为品牌传播媒介。

二、品牌信息传播的媒介类型

品牌信息传播的媒介选择和应用依照品牌传播的目的和需要而定，媒介的种类和数量包罗万象，根据品牌方对传播媒体的运用和管理方式可将品牌信息传播媒介划分为三类：公共媒介、自有媒介和非媒体媒介。

（一）公共媒介

公共媒介平台是品牌传播的主战场，许多品牌每年所花费的巨额品牌营销费用中，公共媒介平台花费往往所占比例最大。公共媒介是具有大众传播效果，但企业或品牌并不拥有完全自主权的媒体，企业需要租用或购买时段、版面发布信息。

1. 传统媒体

传统媒体包括印刷媒体、电子媒体和户外媒体。

（1）印刷媒体是以印刷出来的文字和图像符号为信息载体传播信息的媒介。印刷媒体最主要的是报纸和杂志，除此之外还有海报、传单、宣传册及其他印刷品。报纸和杂志是企业最早作为公共媒介进行品牌传播的介质，品牌可以根据需求购买版面。许多人养成长期读报的习惯，品牌方可以在报纸上连续发布相同或系列广告传播品牌信息，还可以根据市场反馈，如读者来信、来电等方式及时获知消费者的需求，进而对在报纸上刊登的品牌传播内容进行即时调整。一些报纸是区域性的，品牌方可以针对当地消费者的风俗习惯进行品牌的本土化营销。报纸具有新闻性，无形中增加了品牌信息传播的公信力和可信度。阅读过程中，人们愿意进行理性、连贯的思考，报纸上刊登的广告也可以创作得更有文化气息，或者刊登较为详细的说明性材料，让品牌形象更丰富、更有人情味。

（2）电子媒体是指存储与传递信息时使用电子信息技术为载体的媒体。最典型的电子媒体是广播和电视，除此之外还有电报、电话、传真、电影等多种形式。广播传播迅速，覆盖面可根据发射频率调整，内容可重复播放，对听众的文化水平要求不高，但如果语言不通就无法进行信息传播。广告通过言语、音乐和各类音效编辑成各类节目，熟练的广播员能根据当地听众所处的气候、环境、心情及时修改内容，谈话节目、音乐欣赏、新闻节目、各类广告灵活穿插，各类节目都有相对固定的受众。听众收听广播的限制不多，只要有一台接收设备，在发射频率内的节目都可以收听。品牌营销者可以匹配节目听众的偏好和品牌目标消费人群合理规划品牌信息传播。广播的低成本优势让很多区域型品牌有了更多的媒体选择，品牌方可以通过广播对某一地区的潜在目标消费者发布信息，但如果想成为全国性品牌扩大影响力，则需要更为丰富多样的媒介组合方案才能实现。

电视是以视觉和听觉为主的传播媒体。随着电视节目制作水平的提升，各类精彩纷呈的声音、画面、特效都能通过电视节目呈现，容易给观众带来现场感。电视节目对观众的文化水平要求不高，观众手握遥控器查看数百个电视频道总能找到自己喜欢的节目。电视媒体的覆盖面广，媒介到达率高，但不同时段之间的传播价值相差很大，这主要跟观众日常生活作息密切相关。近年来互联网移动终端普及，越来越多的人开始在手机上收看各类节目，电视节目的受众多数为老年人或经济欠发达地区、网络信号覆盖不全的地区，这让电视节目的观众和品牌的目标消费人群之间的差异越来越大。许多品牌开始冠名或赞助综艺节目、植入影视剧广告，将品牌信息和电视节目内容本身相结合，在各大视频平台和各大电视台的网络平台上也能进行有效品牌传播。

（3）户外媒体是指户外露天搭设的传递品牌信息的各类设施。户外媒体种类繁多，有固定不变的如商场外的霓虹灯和招牌、公园运动设施上的广告牌或广告语，也有依托各类交通工具的车载广告、站牌广告等。户外媒体的生命周期长、到达率高，可以按照不同人群活动的生活轨迹投放广告，如针对经常出差的商务人士来说，机场广告牌、机场巴士广告、候机大厅广告和酒店广告就能较为精准地抵达目标消费人群；对于忙于通勤、没有太多时间放在日常起居上的年轻人，公交站广告、地铁站广告、办公楼电梯附近的分众广告就十分适合，乘车等待的碎片化时间就能实现品牌信息的传播。户外广告是整合营销传播方案中的重要组成部分，针对特定地区、特定人群的户外广告往往收效不错。随着时代发展，科技为户外广告注入活力，数码展示技术、无线通信技术、感应技术、二维码技术、LBS、QR 等技术的运用使户外广告能够融合装置艺术的魅力，实现与消费者更有趣的互动。

2. 网络媒体

网络媒体通过互联网或移动通信网络传播信息，是通过电脑、手机、平板电脑等终端接收信息的一种数字化多媒体传播媒介。网络媒体用户数量巨大，可以同时传递海量信息，网络社群积聚个性鲜明，品牌营销者更容易锁定目标消费人群，特别是近年来社交媒体平台的发展，品牌营销者能够即时获取消费者意见反馈，从产品设计、品牌形象、品牌调性、营销活动安排、品牌代言人等多个方面调整企业品牌战略。

网络媒体具有数字化特征，融合了报纸、杂志、广播、电视等传统媒体的优势和功能，实现了文字、图片、声音、视频等多种信息的融合。由于大数据技术的应用，网络媒体可以根据用户浏览习惯和点击动作自动生成和调整媒介内容，极大地提高了品牌传播的针对性和有效性。网络媒体给予消费者更多与品牌直接沟通的途径，品牌方应对消费者舆情保持关注，即时反馈消费者需求和建议，第一时间对品牌危机做出应对，建立和巩固品牌声誉。

网络媒体应用于企业品牌传播的类型很多，如品牌官方网站，移动应用 App，微信和支付宝小程序，各类网络广告如 App 开屏广告、视频播放前广告、视频植入和中插广告、频道和栏目的原生广告、旗帜广告、搜索引擎广告、电商广告、品牌图形广告等，微信、微博和抖音等社交媒体平台官方账号，信息流广告，电子邮件等。

（二）自有媒介

自有媒介是指品牌方对其拥有自主权并具有媒体性质的媒介，包括企业官方网站、官方微博、微信公众号、抖音号等社会化媒体。

1. 企业官方网站、App 和微信小程序

企业官方网站是一个企业的门面，许多企业都会设立自己的官方网站，但网站的浏览量却并不理想。随着人们的网络接触习惯逐渐向移动端转移，许多企业都着手建设官方 App 或微信小程序，作为与消费者互动、发布企业品牌信息、新品上市和组织各类营销活动的平台。企业网站主要分为基本信息型网站、在线业务型网站和综合门户类网站。随着时代的发展和互联网技术的进步，App 或微信小程序整合了以前企业官网的功能，结合人们的手机使用习惯不断迭代出更符合消费者需求的客户端。品牌官方网站应在视觉上彰显品牌特色，内容上融合品牌文化、品牌理念和品牌精神，功能设计上与时俱进，注重与消费者不断变化的浏览习惯相结合，同时注重互动性方面的设计，增强娱乐性和趣味性，及时收集消费者意见并做出反馈。

2. 企业官方微博、微信公众号和抖音号等社会化媒体

对于品牌传播而言，社会化媒体是目前最能展现品牌形象、传达品牌价值和品牌精神内涵的传播方式。品牌因在社交媒体上的发言而更有人情味，方便拉近与消费者的距离，监测品牌舆情，化解品牌危机。一些活跃的品牌账号之间的互动，能丰富品牌个性，吸引与品牌调性相符的消费者关注，同时也能以较低成本制造话题，促进品牌传播活动丰富活跃。

目前活跃度最高的社交媒体主要是“双微一抖”，即微博、微信和抖音，除此之外还有多种类型的社会化媒体可供品牌选择。网络百科全书有百度百科、维基百科，内容社区有豆瓣、小红书、bilibili，社交网站有美国的 Facebook 和 X，虚拟游戏世界有王者荣耀和各品牌联名的营销活动。品牌在社会化媒体活动过程中要注意与消费者群体中意见领袖的合作。社交媒体平台上的意见领袖往往拥有一大批忠实的粉丝，意见领袖的观点更容易被社群里的普通受众信任和转发。同时，社会化媒体平台上的品牌官方账号必须保证优质内容的长期稳定发布，让关注者感到这是一个开朗有趣、个性鲜明的朋友。为此，品牌方需要深入目标消费者的内心世界和生活场景，挖掘易引起共鸣的话题和状态，创作高质量、有个性的内容。

经典案例

雅诗兰黛的"引流产品"

了解美妆护肤产品的人应该对"小黑瓶""大红瓶""红腰子"这样的昵称非常熟悉。这类护肤品的包装往往保持单一颜色，瓶身和包装多年来沿用统一风格，不会随意更换包装设计，消费者可以一眼就辨认出产品品牌。开辟这种做法先河的就是雅诗兰黛的"小棕瓶"系列产品。据说每隔15秒，全球就会售出1瓶"小棕瓶"。按照这个速度计算，仅在天猫"双11"预售阶段，中国的消费者就买走了全球全年四分之一的"小棕瓶"。从1982年雅诗兰黛推出世界上第一款精华素到2020年第七代"小棕瓶"上市，雅诗兰黛一直在寻求通过更多元、更精准的传播媒介到达目标消费人群。第七代"小棕瓶"上市当天，雅诗兰黛在微信朋友圈发布了这款新品的信息流广告。利用微信朋友圈广告，快速触达潜在用户，推广新品信息，这成为雅诗兰黛的日常营销方式之一。目前，"小棕瓶"系列已经成为雅诗兰黛旗下的主推产品，占据了雅诗兰黛约三分之一的营销资源。雅诗兰黛官方微信公众号在2019年的44次推送中，涉及"小棕瓶"系列的共16次。微博近100条产品宣传中有32条关于"小棕瓶"系列。在小红书中以"雅诗兰黛"为关键字的笔记共70万余条，其中以"小棕瓶"为关键字的笔记达24万余条。抖音账号推广"小棕瓶"系列的话题播放量高达2亿多。如今，数字化程度更深的年轻一代正在成为化妆品消费的主力群体，雅诗兰黛希望消费者在微博、抖音等社交平台上发现雅诗兰黛的产品，阅读评论并在社交平台上分享评论，然后去电商平台或品牌旗舰店购买。雅诗兰黛在营销过程中将经典款与新品交叉推广，不同价位的产品搭配在一起，鼓励消费者在社交媒体上分享产品使用心得，形成了极具吸引力的卖点。

（三）非媒体媒介

非媒体媒介是指本身并非作为媒体使用的信息载体，但其在品牌传播过程中发挥着重要的媒介作用，如产品包装（包括超市货架和产品陈列效果）、企业领导者、员工、企业办公场所和工作物料等。

产品包装能够带给消费者最直接的视觉体验，陈述产品信息和主要卖点，帮助消费者建立品牌联想。产品包装在设计过程中要考虑商超陈列效果，能够方便零售商和销售人员摆放商品、介绍商品信息。引人瞩目的产品包装和精巧的包装设计能够让消费者在商品种类繁多、信息冗杂的消费环境里迅速锁定目标。产品包装的费用是品牌管理者必须承担的，同时也是品牌信息传播的免费载体，品牌营销者如能对包装的品牌传播媒介功能予以充分利用，就能为品牌节省一大笔开支，还有可能会收到意想不到的效果。

消费者很难严格区分企业领导者的个人形象和企业品牌形象，所以企业领导者在社会活动中要注意自己的言行。企业领导者良好的个人形象能提高公众对品牌的积极态度。企业领导者的品牌传播方式包括新闻报道、广告代言、事件营销、社会化媒体和公共关系等。企业领导者要综合考虑个人特质和企业品牌定位，以区别于其他企业家。企业领导者要积极履行社会责任，经常向公众发声，关注业界和社会热点。企业领导者要有战略眼光，将个人品牌的塑造和企业品牌的塑造有机统一。

品牌化的初始受众是企业员工。企业员工首先要认可自己的品牌，同心协力将品牌核心价值在日常工作中践行。企业要注重员工的品牌化教育，为员工制定统一的行为标准，方便员工执行。在社交媒体时代，企业要为员工塑造个人品牌，通过发布反映员工风貌的广告、展现员工风采的新闻报道、开设员工社交媒体账号，从员工角度出发，走进员工的精神世界，提升员工的总体形象。

企业办公设备涵盖很广，包括办公场所和办公用品，如办公室、销售门店、公务礼品、交通工具等。在与消费者的互动过程中，一些酒店在办理入住时为客人提供温水、糖果或饼干，方便旅途劳累的客人取用，营造出一种宾至如归的氛围；一些超市为了方便消费者购物，提供免费大巴，定期向会员投递折扣宣传单，方便顾客即时获知商品价格信息。企业办公设备设计往往从使用角度出发，但也要注意立足品牌定位，在兼顾实用性的同时能够展示品牌形象，方便消费者识别和记忆。

三、品牌信息传播的媒介策略

媒介策略是品牌为实现传播目的而进行分析、选择和投资媒介资源的过程。由媒介策划人员和媒介购买人员共同完成。媒介策划人员负责与创意人员及客户合作，制订可供执行的品牌信息媒介投放计划，媒介购买人员负责根据媒介投放计划购买合适的媒介资源。品牌媒介策略是否能满足品牌营销传播任务的需求，主要看接触品牌信息投放媒体的人群与品牌目标消费人群是否一致，即可能产生购买意愿并付诸购买行为的潜在目标消费者是否看到了品牌的信息。

（一）制定媒介策略需要考虑的因素

制定媒介策略需要考虑以下几个因素：

1. 营销目标

媒介策划人员应根据品牌营销现状和产品生命周期具体分析制定切实可行的营销目标，包括销售情况、品牌和产品定位、市场份额、渠道和分销策略等。

2. 目标消费者偏好和特征

许多品牌喜欢以年龄作为划分潜在消费群体的标准，如“Z世代”年轻人、60岁以上老年人。事实上，由于收入不同、居住地域不同、受教育程度和消费观念的差异，即使是两个年龄相同的人，媒介接触习惯和生活方式也可能大不相同。这需要品牌营销人员充分利用大数据技术，做好品牌目标消费群体的人口统计学画像，在消费者所熟悉的生活场景里植入营销信息。

3. 信息策略和创意方式

优秀的广告创意和引人入胜的营销活动需要在策划阶段就考虑到媒介因素，合适的媒介投放能将吸引来的潜在消费者顺利引流到销售环节，而配合不当的媒介投放只会把慕名而来的人群聚在一起围观，很难引流到购买环节。

此外，媒介本身的特性如权威性、覆盖率、地域性、连续性等方面也需要考虑在内，特别是媒介信息在被收听和收看过程中，是否能做到品牌营销信息引人注意、重复多次传播、便于在受众间相互传播和保存等。

4. 预算

预算往往是决定品牌信息传播效能最直接的因素。不同媒介产品的价格不同，不同价格的媒介覆盖率、影响力不同，最终决定品牌传播活动的效果不同。媒介策略最终通过媒介计划实现，媒介计划通常包括媒介类型和组合、排期、投放频率、投放地点及传播范围、价格等要素。

制定媒介策略和媒介计划的目的是合理使用经费，以期用最少的投入获得最好的品牌传播效果，达成品牌建设目标，促进销售，提升品牌知名度、忠诚度和美誉度。媒介策略的背后是品牌战略、市场战略以及对目标客户的认知和了解。只有清晰的品牌战略和市场战略，才有可能制定正确清晰的媒介策略。品牌方的媒介策略主要受到市场、竞争、资源和产品四个因素制约，具体包括市场需求中市场规模、市场构成、需求动向、目标消费者构成、媒介接触习惯，不同市场地位的竞争者占位，企业自身的物质资源和组织能力，产品属性、品牌成长周期等部分。制订一份可供执行的媒介计划要建立在对多方信息了解的基础上。

（二）选择媒介组合的原则

媒介组合的选择要坚持媒介数量 1+1>2 原则、品牌营销内容适当重复原则、媒介组合经济原则。

1. 媒介数量 1+1>2 原则

有人说，即使像可口可乐这样的品牌，如果三年不做广告也会被人淡忘。品牌信息传播是一个长期过程，品牌形象需要长期稳定地出现在媒体上。从受众方面来看，多数品牌的潜在消费者的媒介接触习惯不是单一的。从媒介覆盖面来看，单一媒介的覆盖人数是有限的，且一段时间内基本保持稳定，很难满足品牌营销力图吸引更多消费者的需求。为了使品牌传播效果更好地实现，品牌信息的创意方式要结合媒介的不同特性，品牌只有深谙各类媒介的传播特点和优劣，才能在制定媒介策略时有的放矢。在品牌的整合营销方案中，媒介组合往往要根据实际情况确定，有时以一种媒介为主，以其他媒介为辅，实现线上线下联动；有时根据品牌传播目标，分阶段选择不同类型的媒介组合。根据不同媒介特点制定相应内容发布，多种媒介组合的传播效果往往优于单一媒介的传播效果，达到 1+1>2 的效果。

2. 品牌营销内容适当重复原则

人脑由于保护机制，在面对海量信息时通常会忽略绝大多数“无用”的信息，即使每天都看到的事物也往往会视而不见，这就需要不同媒介发布的品牌信息有相同和互补的部分，以保障消费者在进入消费场景时能够想起该品牌或产品的卖点。品牌营销信息必须经过相当长的时间才能到达消费者，需要多次重复和特殊的契机才有可能在消费者心中形成印象，只有足够多的人听说过某一品牌，这些人中的一部分人才有可能形成购买意愿，所以品牌方不能轻易更换品牌形象和品牌价值观，以防止消费者来不及记住。

3. 媒介组合经济原则

品牌选择媒介组合最重要的一点就是量力而行，根据自己的品牌建设水平、产能和运输能力、保持高品质产品和服务的能力，选择价格合适、效果最优的媒介组合，不要盲目扩大市场份额。过量的营销支出将挤占品牌研发和再生产的预算。品牌可以充分利用自有媒介和非媒体媒介资源发布品牌营销信息，利用好包装、货架、门店和客服等一切因销售而与消费者发生连接的接触点，发布富有吸引力和感染力的品牌信息，同时将有限的预算投放在媒介能量较大、影响范围较广、权威性较高的媒介平台上，并坚持固定位置/时段投放，日积月累才能形成品牌效能。

第三节 品牌推广的信息策略

企业要想达到预期的品牌推广活动的影响力，“说了什么”和“怎么说”很重要。之前我们对比了不同媒介环境和媒介组合之下各类推广方式之间的差异，本节我们主要讨论在明确营销目标、确定沟通预算的前提下如何设计品牌推广的信息。

一、品牌信息的类别

品牌信息可以分为静态信息和动态经营活动。静态信息包括品牌名称、品牌标志、广告语、包装设计、品牌色、产品的核心科技、品牌文化内涵等，企业一般不会对这类信息在短期内进行频繁更换。品牌的动态经营活动包含品牌定位、品牌战略决策、品牌延伸战略、品牌产品营销、品牌维护活动和企业危机公关等。

二、品牌的信息策略

品牌营销一直鼓励企业通过“大创意”的方式塑造品牌的差异性。但在实际情况中，每个品牌都是独一无二的，让消费者产生识别、记忆和行动的往往并非“差异性”和“大创意”，而是一些更为复杂的东西。当一则广告力图全面介绍产品的性能和优势时，消费者通常会陷入茫然的状态，过多的重点和过量的信息不利于品牌信息的有效传达。所以在通常情况下，一则广告只需强调产品的一两个核心优势，这样有利于多种信息形式的组合，可以加速信息的识别和记忆。此外，通过多种媒介组合长期重复传播也能够增加信息被接收和理解的可能性。

（一）可靠的信息源

信息源的可靠性可以体现在三个维度：专业度、可信度和亲和力。

（1）专业度是指信息发布者拥有的用以支持其观点的专业知识、社会身份和公信力。

（2）可信度是指信息源被感知到的客观程度和诚实程度。一般情况下，相对于陌生人，消费者更信赖自己熟悉的人际关系；免费的代言人要比付费代言人更可信。

（3）亲和力是指信息源的个人魅力和吸引力。在不同的国家和文化环境下，富有个人魅力的代言人或证言人可能是截然不同的。对于全球性品牌而言，在不同区域选择符合目标市场消费者认知的代言人是很有必要的。

经典案例

舒适达：消费者对权威机构的背书无法抵抗

在舒适达进入中国市场之前，中国本土的抗敏感牙膏是冷酸灵，其广告语是“冷热酸甜，想吃就吃”。和冷酸灵定位大众路线不同，舒适达主打中高端用户群体，延续了其在海外市场的品牌定位，定位专业医药级产品，与中华口腔医学会合作，少量投放广告，但每则广告都有一位专业牙医出演，并渗透到各级口腔医院，直接接触到牙齿敏感的患者。很快，舒适达牙膏就成为抗敏感牙膏品类的绝对头部品牌，市场占有率超过六成。

（二）正确的沟通方式

品牌信息的传播主体是企业，从企业的视角出发，往往容易忽略信息本身的组织方式、信息的完整性、读取者选择信息时面临的处境。除非主动搜索，一般情况下受众不会特别关注营销信息的内容，这些信息就像空气一样环绕在人们周围，除非信息的总量急剧减少，否则通常很难引起受众的注意。

以信息的完整性呈现为例，品牌方必须考虑看到品牌的人会进行怎样的信息处理过程。当品牌信息出现在包装上时，产品既是信息的物质载体，也是品牌信息传播的媒体。产品通常陈列在货架上，这个货架可能是超市的实体货架，也可能是电商平台的虚拟货架。产品包装被抽象成一个图标。无论在哪种货架上，产品都面临和其他品牌竞争的情况，包装上的信息负责引起消费者的注意力，让消费者产生好奇，并为之停留。无论消费者拿起货架上的一件产品还是点开购买商品的详情页，品牌信息都需要用最简洁、最通俗易懂的方式解决消费者最关心的问题，比如“这是什么”“这里面有什么”“食用或使用方法是什么”“这件商品好在哪里”“商品的尺寸、规格、产地、保质期是什么”。从信息传播的效果来看，产品包装设计的美感和信息传播的功能两者都很重要，无法相互替代。产品包装设计的审美价值，体现了品牌定位和品牌形象，这种审美价值同样需要独特且易于识别、记忆，比如爱马仕橙、蒂芙尼蓝，华丽的品牌色足以令人印象深刻；而品牌信息的完整、简洁、重点突出且易于阅读是产品包装的功能价值。

（三）明确的信息创意策略

信息创意策略大致可分为信息型诉求策略和转换型诉求策略两种类型。信息型诉求策略假定消费者能够理性地处理信息。以广告为例，信息型诉求策略的表现方式可以是问题解决型广告，产品独特优势型广告，产品比较型广告，名人、意见领袖或无利益相关的普通已购者证言型广告等。在信息呈现过程中，展示单面论点的广告很多时候比展现正反双方观点的广告更有效，但有时展示正反双方观点的广告对特定人群较为有效，如对该产品领域核心科技较为了解的发烧友，或受教育程度比较高的消费者。展示双方观点时，欲扬先抑和先扬后抑适用于不同的情况。在短视频平台上，许多信息采用欲扬先抑的手法，这种方法在引起用户的注意力方面效果显著。

转换型诉求策略中所提供的信息的内容通常与产品本身没有直接关系，而是通过激起人们更为丰富的情感、引发触动、认同甚至是恐惧，从而达到劝服消费者购买的目的。这些情绪可以是正面情绪，如兴奋、快乐、向往、热爱、自豪、幽默等，也可以是负面情绪，如恐惧、内疚、羞愧等，还可以是其他复杂的情绪，如震撼、好奇、惊讶等。

比如通过广告塑造使用者的完美形象，给消费者传达一种“只要使用该产品，也能和广告中的人物一样”的暗示，迎合人们消费的社交需求和个人自我形象构建的需求；通过使用可爱的婴儿和小狗，制造欢乐的场景，激起人们对童真和大自然的向往；向人们展示酗酒、吸烟或暴食的后果，通过激发人们的恐惧心理，引导人们对照自己的日常行为，选择健康的生活方式；等等。

小米社群营销案例初探

本章小结

品牌推广策略的制定是品牌营销推广活动过程中的关键环节，企业需要在确定营销目标、识别受众、核定预算之后选择合适的媒介组合，运用合理的信息组织方式执行品牌推广活动。实际情况中，品牌方还需要注意活动在线上和线下之间信息的联动和配合，通过有效配置产品、价格和渠道要素执行品牌推广策略。

本章测试

一、名词解释

自有媒介　　非媒体媒介　　媒介数量 1+1>2 原则　　品牌营销内容适当重复原则

二、判断题

1. 接触关注度是指消费者接触媒体时的专注程度。(　　)

2. 媒介选择要坚持品牌营销内容适当重复原则，是由于人脑的保护机制在面对海量信息时通常会忽略绝大多数“无用”的信息，即使每天都看到的事物也往往会视而不见，这就需要不同媒介发布的品牌信息有相同和互补的部分，以保障消费者在进入消费场景时能够想起该品牌或产品的卖点。(　　)

3. 自有媒介是指品牌方对其拥有自主权并具有媒体性质的媒介，包括企业的官方网站、官方微博、微信公众号、抖音号等社会化媒体。广义的自媒体是企业自主拥有为品牌和企业发声的平台，是企业长期对外联络的窗口，需要向大众媒介额外支付费用。(　　)

4. 产品包装的费用是品牌管理者必须承担的，同时也是品牌信息传播的免费载体，品牌营销者如能对包装的品牌传播媒介功能予以充分利用，就能为品牌节省一大笔开支，还有可能收获到意想不到的效果。(　　)

5. 随着“互联网+传统行业”的热潮到来，人们很容易在网上搜索到有关企业和品牌的各类信息，企业领导者的个人形象、言行举止、个性和道德都会通过社会活动传递到大众面前，消费者很难严格区分企业领导者的个人形象和企业品牌形象，所以企业领导者应该隐居幕后，不为公众所了解。(　　)

三、选择题

1. 传播学四大奠基人之一哈罗德·拉斯韦尔的 5W 传播模式，即把传播过程看作是谁(Who)，说了什么(Say What)，通过什么渠道(In Which channel)，对谁说(To Whom)，产生了什么效果(With What effect)。5W 传播模式奠定了传播学研究的五大基本主题，以下不属于传播学研究五大主题的是(　　)。(单选题)

A. 控制分析　　B. 内容分析　　C. 媒介分析　　D. 消费者分析

2. 公共媒介平台是品牌传播的主战场，许多品牌每年所花费的巨额品牌营销费用中，公共媒介平台花费往往所占比例最大。公共媒介是具有大众传播效果，但企业或品牌并不拥有完全自主权的媒体，企业需要租用或购买时段、版面发布信息。根据品牌传播手段划分，以下不属于公共媒介平台的是(　　)。(多选题)

A. 商业广告　　B. 广播和电视　　C. 杂志　　D. 微博

3. 有关网络媒介，以下说法错误的是（　　）。（单选题）

A. 具有数字化特征，融合了报纸、杂志、广播、电视等传统媒介的优势和功能

B. 实现了文字、图片、声音、视频等多种信息的融合

C. 发展缓慢，只有少数人群使用网络媒介，网络用户的人口统计学特征相对单一，网络媒介功能也较为有限，基本上是传统传播形式和内容的网络版本

D. 由于大数据技术的应用，网络媒介可以根据用户浏览习惯和点击动作自动生成和调整媒介内容，极大地提高了品牌传播的针对性和有效性

4. 有人说，即使像可口可乐这样的品牌，如果三年不做广告也会被人淡忘。品牌信息传播是一个长期过程，品牌形象需要长期稳定地出现在媒体上。从受众方面来看，多数品牌的潜在消费者的媒介接触习惯不是单一的，说明品牌排期要坚持（　　）。（多选题）

A. 媒介数量 1+1>2 原则　　B. 品牌营销内容适当重复原则

C. 媒介组合经济原则　　D. 媒介投放细水长流原则

5. 有关媒介选择，以下说法正确的是（　　）。（多选题）

A. 传达率是指在单个周期内，至少接触过一次媒介信息的人数（或家庭）占所有传播对象的百分比

B. 总收视点是指一个投放周期内广告收视率的和

C. 网站排名是门户网站对各类网站显示的先后次序

D. 编辑环境是指媒体内容的规划和排期

四、简答题

1. 品牌传播媒介的类型有哪些？

2. 制定媒介策略需要考虑的因素有哪些？

3. 品牌组合的选择应该坚持哪些原则？

4. 产品包装对品牌传播来说的作用是什么？

五、论述题

1. 试述新媒体时代的品牌推广策略。

2. 为什么品牌信息传播过程中知识渊博、值得信赖和富有亲和力的信息源传递的信息能够得到更高的关注度和回忆率？

六、案例分析题

平价美妆品牌完美日记的爆火之路

完美日记的品牌发展，让我们看到了一个品牌从 0 到 1 000 的快速增长。下面我们用 4P 营销理论来分析完美日记的成功之道。

1. 产品和价格：高价值平价彩妆

完美日记在创牌之初就签约了英国知名设计师 Shelly Odell，联合意大利和韩国顶级

彩妆研发团队打造产品。国际一线品牌代工厂生产的彩妆价格却只有一线大牌的三分之一，是名副其实的大牌“平替”。完美日记还开辟了一条通过和大牌跨界联名的方式推出新品的路，几乎每个联名品牌的核心受众也都是完美日记的目标消费者，强强联合，集合其他品牌声量为新品创造话题，以下是完美日记推出的跨界联名产品：

完美日记×雀巢咖啡＝各类彩妆

完美日记×discovery探索频道＝动物眼影盘

完美日记×中国航天＝玉兔盘

完美日记×中国国家地理杂志＝地理眼影盘

完美日记×奥利奥＝完美日记奥利奥气垫

完美日记×大英博物馆＝16色眼影

完美日记×日本导演岩井俊二＝浮光系列香水

完美日记专门面向下沉市场和年轻女孩，主打低价也可以拥有国际大牌彩妆体验。绚丽时尚的包装和色彩缤纷的印花色块吸引消费者多次购买这些“耐用”化妆品。

2. 渠道和推广：线上种草，线下体验

完美日记通过各类电商直播、小红书和微信等社交媒体平台达人种草的方式，向目标消费者以铺天盖地之势推广产品。邀请明星提升品牌权威性和信任感。头部KOL种草，头图以美女＋产品试色形式出现，颜色明快的美图在海量信息中能快速吸引消费者的注意力。完美日记还鼓励素人在小红书分享产品使用体验，推动传播和声量叠加，素人分享更贴近消费者的真实生活场景，容易赢得消费者信任。持续不断的内容投放，让消费者出于模仿行为快速记住这个品牌。在时间上，上半年在“6·18”期间集中投放，下半年在“双11”期间集中投放。此时，完美日记的线下门店也在全国各地一线到五线城市开设起来，覆盖全国90多个城市，消费者可以非常方便地走进所在城市的专柜试色和挑选新品。完美日记的推广渠道如图9-1所示。

此外，完美日记还非常注重私域流量运营体系的搭建，开设了上百个统一标识为“小完子”的微信号，只要购买完美日记的产品，就被邀请加“小完子”微信，微信时常发布各类赠品、满减优惠活动，一对一引导消费者复购商品。

2018年到2020年是完美日记发展最快的三年。完美日记在2017年3月在淘宝上线，8月升级为天猫旗舰店，2018年获得天猫“99大促”彩妆赛道第一名。小黑钻礼盒3秒售罄，并签约首位代言人。完美日记成为当年“双11”第一个销售额过亿的彩妆品牌；2019年天猫“6·18”彩妆销售总榜第一，“双11”开售仅28分钟就卖出相当于2018年“双11”全天销售额的产品总价；2020年估值达到20亿美元，获得了新一轮战略投资1亿美元，成为当年国内美妆品牌独一无二的独角兽。

分析：查阅资料，分析完美日记的成功和走向沉寂的原因。

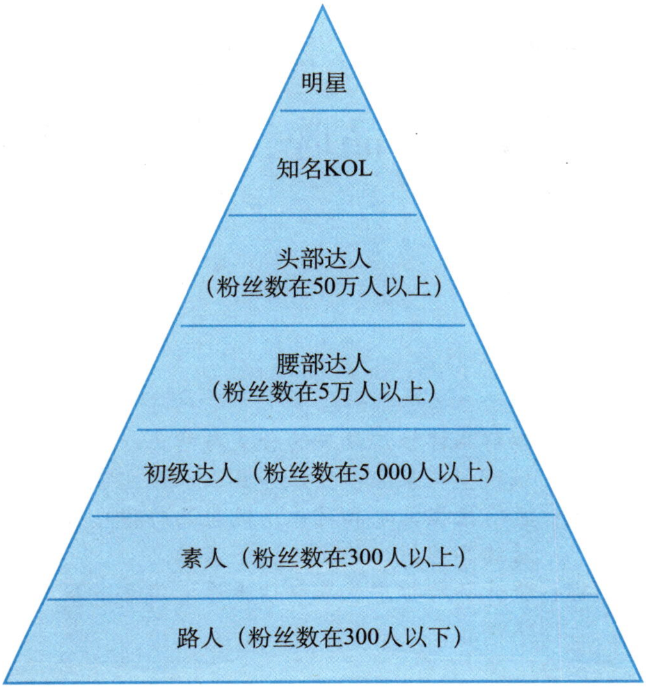

图 9-1　完美日记的推广渠道

第十章 品牌推广效果评估

学习目标

知识目标：理解品牌推广效果的含义与意义；了解品牌推广效果评估的基础模型与层次模型，并且深入探究常用的效果评估方法。

能力目标：具有根据需求和具体情况对品牌推广效果进行评估的能力，为后续品牌推广的优化打下基础。

素质目标：提升品牌推广效果评估素养，建立多层次、全方位的效果评估认知。

知识导图

- 品牌推广效果评估的内涵
  - 品牌推广效果的含义
  - 品牌推广效果评估的意义
  - 品牌推广效果评估的方向与内容
- 品牌推广效果评估的模型
  - 品牌资产十要素模型
  - 品牌资产评估模型
  - 英特品牌价值评估模型
  - 品牌资产引擎模型
  - ROI评估模型
  - 效果群相互作用模型
- 品牌推广效果评估的方法
  - 接触效果的评估
  - 心理效果的评估
  - 盈利效果的评估

引导案例

美国百货商店之父约翰·沃纳梅克曾经提出了著名的营销界"哥德巴赫猜想"："我知道我花在广告上面的钱有一半被浪费掉了，可问题是我并不知道浪费的是哪一半。"

这一"哥德巴赫猜想"指出了营销广告回报的不确定性，也同样可以用来说明品牌推广的效果是难以预测和评估的，大量财力、人力和物力的投入也许最后都会化为乌有。品牌推广在传统时代常常被认为是一种"浪费"，是在做无用功，然而，随着学界研究和新媒体技术的进步，我们逐渐开始采用各种模型与方法去推测这个问题的答案，不仅能够在推广活动前进行预测，使得推广目标更容易实现，而且还能够在推广活动结束后进行复盘，评估有多少投入产生了预期的效果，又有哪些被"浪费"掉了，并及时进行调整。

第一节　品牌推广效果评估的内涵

一、品牌推广效果的含义

品牌推广效果指的是推广活动为品牌带来的各种益处，这不仅包括基础的经济效益增长，还包括品牌潜在资产的累积。品牌推广效果通常是多个因素综合影响的结果，因此它具有复合性和积累性。

根据品牌推广对消费者的影响程度，我们可以将品牌推广效果分为三个层面：对品牌的认知效果、对品牌的态度效果和对品牌的行动效果。这三个层面用来描述目标消费者对品牌的认知深度，他们持有的正面或负面观点以及对品牌购买行为的转变。具体而言，品牌推广所促成的反应从推广者的角度来看就是推广的效果。品牌推广的效果包括品牌知晓、品牌态度、品牌偏好、品牌购买、重复购买、品牌满意度、品牌忠诚度等。

（一）品牌知晓

品牌是消费者认知和选择产品、服务及相关信息的基础，只有当消费者对一个品牌有所认知，才会选择购买他们的产品。如果一个企业不能有效地将其品牌内涵传达给目标受众，那么这个品牌就不能算是真正地推广成功。品牌知晓一方面是品牌推广的目的，另一方面也是增进品牌与消费者之间沟通效果的关键。因此，在进行品牌推广前后，需要对品牌的认知度进行测定与评估。

（二）品牌态度

人对事物的态度是在长期的信息影响下形成的，因此受众对于品牌的态度呈现出动态变化的状态。作为推广绩效的一种，有效的品牌态度意味着在让消费者了解品牌的基础上，还要让消费者对品牌的感受向着积极、有利的方向发展。品牌态度一般可分为两种：理性态度与感性态度。理性态度是指消费者根据推理形成的结果来表述对品牌的总体判断，这种推理是自觉的、有意识的，并且较多指向产品的价值与功能属性，如图书内容的好坏、药物的治疗效果等；感性态度则是指以情感为基础，形成对品牌总体上积极的或消极的意见。

（三）品牌偏好

要想让消费者对某品牌的喜好超越同一产品类型中的其他品牌，品牌推广要做的是建立消费者的品牌偏好。品牌偏好应当与品牌态度、品牌接受区别开来，消费者可能对某一品牌表现出积极态度，对另一品牌也有同样感觉，但对品牌推广者来讲，这并不是最优效果。品牌推广不仅要在消费者心中留下积极印象，而且在此基础上要建立对该品牌的偏爱，对品牌的偏爱极有可能促成后续的购买行为。

（四）品牌购买

消费者在知晓品牌并形成品牌态度后，开始考虑接受某种品牌，并对其产生了一定的偏好。由此，消费者接下来需要思考的是关于购买或试用的决策。品牌购买行为的形成是一个复杂的过程，涵盖了品牌购买态度的塑造、购买意向的形成，最终演变为实际的购买行为。因此，品牌的购买态度、购买意向以及购买行为共同构成了品牌推广活动的核心目标，同时也反映了品牌推广计划执行的成效。

（五）重复购买

当消费者试用某品牌之后，如果对品牌试用感到满意，就会采取重复购买行为。重复购买涉及品牌满意度和品牌忠诚度。虽然孤立地看，重复购买行为与品牌忠诚之间并没有恒常系数，但至少在某种程度上说，消费者的这种行为部分反映了消费者的满意度以及忠诚度。

（六）品牌满意度

品牌消费行为势必会引发产品体验上某种程度的满意或不满意，品牌满意度描述的是消费者在试用产品后对品牌产生的正面或负面感受。只有当消费者在产品体验中产生了满足感，他们才有可能进行复购，并对品牌产生忠诚。在购买品牌后，消费者需要将产品的体验与其预期进行比较，以此来评估品牌的价值，期望与实际体验之间的巨大差异极易引发消费者的不满情绪，这可能会干扰他们的复购决策，并且这些负面情绪会在信息分享中进一步扩大影响范围。因此，品牌推广者应该将品牌满意度视为一个关键的绩效指标来进行监督。

（七）品牌忠诚度

按照消费者对品牌的忠诚程度可将其分为五类：(1) 铁杆品牌忠诚者：消费者对该品牌非常狂热，甚至会无条件购买这一种品牌的产品或服务，并向他人强烈推荐。(2) 多个品牌忠诚者：消费者虽然有时会购买某一品牌的产品或服务，但并不会将该品牌作为首选。(3) 品牌转移者：消费者的忠诚从某一品牌转移到另一品牌。(4) 游离者：消费者的消费行为具有随机性，并不忠诚于任何品牌。(5) 不忠诚消费者：他们对品牌漠不关心，他们购买品牌不是出于忠诚。

二、品牌推广效果评估的意义

（一）对过去的复盘

对品牌推广活动的效果进行评估是对品牌推广计划的一场复盘，也是对已经开展的活动进度的审视与回顾。品牌推广效果评估能够判断推广计划是否符合品牌定位与总体战略，以方便对品牌的推广策略进行及时的调整，优化推广效果。以同花顺公司为例，该公司曾在企业2013年年度报告中表示，自己正在不断探索品牌推广的思路和方法，并且依据历次推广的评估效果逐步修正推广的方式和节奏，最终基于谨慎和募集资金效益最大化原则，放缓了“品牌建设及市场推广项目”的原定投入进度。

（二）对现状的剖析

一方面，品牌推广活动的效果评估可以帮助企业了解当前所处的市场对其品牌的反应。通过评估推广活动的效果，企业能够洞察消费者对品牌的认知、喜好和购买意愿，并根据市场反应进行调整和改进。另一方面，效果评估可以体现品牌推广活动的当前进度与推广目标的差距，并且能够以量化的形式呈现出来，更加直观、明确。

（三）对未来的指引

此外，效果评估能够为未来的品牌推广活动提供一定的经验与参考意见，帮助企业更加科学、高效地对品牌推广活动进行规划与管理。

品牌有义务向消费者传达公司的核心价值观、经营哲学和企业文化等关键信息，并在这些信息的基础上与消费者建立深厚的联系。为了更有效地吸引并维护消费者和潜在消费者，品牌推广者应当深入了解他们的需求并制定针对性策略，以实现品牌推广的有效沟通。值得注意的是，在开展品牌推广活动的过程中，除了需要全方位地考虑目标市场内所有可能的消费者群体，还需要特别关注不同消费者群体之间的差异性，以及这些差异性如何影响品牌对消费者价值的传递。

三、品牌推广效果评估的方向与内容

（一）品牌推广效果评估的方向

建立一个明确且适当的评估标准是进行品牌推广效果评估的首要任务。由于品牌推广效果具备复合性与积累性的特点，这一标准的制定不能单单以产品的短期市场表现为依据，而是要综合考量推广活动对品牌战略与品牌资产的贡献。因此，应当将是否增加了品牌资产作为品牌推广效果评估的标准。鉴于品牌资产是确保企业长期盈利的关键，这一准则不仅与品牌推广的效果相契合，也与企业追求最大化利润的理念相一致。

在具体选择模型与方法时，既不能够仅仅追求数据量化，也不能将指标的设定过度依赖主观因素，而是要根据具体的行业、产品以及受众情况挑选合理的方式进行测定，否则会给评估操作带来不便，甚至可能影响评估结果的准确性与科学性。

（二）品牌推广效果评估的内容

品牌推广效果评估特指对在品牌推广过程中所达到的各个层级的传播效果和行为效果的评估，这其中又包含了质的评估与量的评估这两个维度。一般来说，品牌推广效果评估的内容可以分为以下三个方面：

1. 推广目标评估

推广目标评估是指运用各种效果测量方法来检验部分目标受众对品牌推广策略在认知、态度和行为各方面的反应，评估是否实现了传播目标以及实现的程度。品牌推广者需要测量目标受众的消费情况和购买意愿，从而为营销决策提供依据。在执行品牌推广活动后，品牌推广者需要评估推广活动对目标受众的影响。这些影响包括询问受众他们是否能够识别被推广的品牌信息，大概见到过多少次，能记住多少这些信息，对这些信息有何感受，对品牌与产品的态度如何，尤其是消费的态度产生了何种变化。

2. 推广流程评估

检验品牌推广策略的执行效果较多采用检查表和进程规划表等方法对推广活动的组织流程进行评估。检查表用于检查品牌推广策略执行情况，通过列举各项具体指标供检查者勾选的方式，使得检查者可以快速地定位到存在问题的环节，并及时进行调整与改进。而进程规划表则是用于记录推广活动的关键节点和时间安排的工具，以便及时监控推广流程的进度和效果。

3. 推广效率评估

从已经实现的传播目标、传播工具的组合运用以及产生的协作效果入手，着重评估所投入的资源与推广活动所取得的效果之间的关系，考察推广活动的成本是否合理、回报是否高效。该部分可对照企业全部品牌推广活动的投入和产出得出投资回报率。

经典案例

脑白金的“高销量”与“恶名声”

“今年过节不收礼，收礼只收脑白金”，这是人们耳熟能详的广告词。曾几何时，“脑白金”每年都会投入数亿元的广告费来巩固其在市场上的地位，对十几亿中国人的信息轰炸几乎达到了疯狂的程度。

从首次播出广告以来，脑白金的推广策略已经多次翻新了“花样”，但其广告始终因为缺乏品位和“恶俗”被人们批评。该广告不仅在内容制作方面显得粗糙和庸俗，而且还采用了简单而粗暴的重复手法。

有观点认为，这种推广策略会逐渐失去人们的关注，而低俗的广告也会逐渐失去人们的喜爱。尽管如此，脑白金却实现了超过十亿元的销售额，拥有 60 万的回头客数据，单是这一笔销售额就达到了五六亿元，占据了总销售额的 60%。根据他们进行的样本调查，有 80%～82%的使用者表示产品有效，但也有部分消费者表示无效。当成千上万的人用人民币为“脑白金”投下一票时，社会上同时也充斥着对其的批评和指责。也许，没有任何一种保健品能让人们如此爱恨交加。

尽管脑白金被视为“低俗”的象征，但其受到的关注度却异常高。直白式送礼言辞让人感到不适，却没有违反任何相关的法律规定。市场调查显示购买保健产品的消费者更倾向于选择广告频繁、市场地位稳定的品牌。脑白金的案例向我们传达了一个信息，仅凭销售表现并不能全面评估广告的成败。尽管脑白金在目标市场占据了销量上的领先地位，但其广告内容和推广策略仍受到广泛批评，品牌形象也受到了影响，这表明其推广效果并不尽如人意。

第二节 品牌推广效果评估的模型

一、品牌资产十要素模型

（一）模型介绍

戴维·阿克和唐·舒尔茨等人先后研究了关于品牌资产和品牌推广效果评估的问题。

相较而言，戴维·阿克主要侧重于对品牌资产的评估，但他的评估标准与品牌的推广效果之间存在密切的联系。戴维·阿克在前人理论的基础上，提炼出品牌资产的“五星”概念模型，即品牌资产是由品牌感知、品牌知名度、品牌联想、品牌忠诚度和品牌其他专有权这五个部分组成的。这些指标几乎每个都对品牌推广产生了积极的影响。他后续提出的十项品牌资产评估指标涵盖：忠诚度评估的价差效应、满意度/忠诚度质量感知；品质认知中的质量感知、领导性/受欢迎程度；品牌联想/区隔性评估中的价值主张、品牌个性、企业联想；知名度评估中的品牌知名度；市场状况评估中的市场占有率、市场价格及通路覆盖率。除了通路的覆盖范围，其他 9 个关键指标都与品牌的推广有着密切的关联。

（二）模型的特点与不足

1. 特点

品牌资产十要素模型为品牌资产和推广效果的评估提供了一个更为深入和细致的视角。该模型包括五个基本指标和十个影响指标。该模型评估的主要因素是消费者，但同时也融入了市场表现的因素。该模型不仅适用于单个企业或产品的特定项目评估，也适用于持续的研究。品牌资产十要素模型不仅能反映品牌推广活动的发展情况和品牌未来的发展趋势，还能够反映品牌的核心能力。此外，品牌资产十要素模型中的指标都显示出高度的敏感性，这使其成为预测品牌资产变动的有力工具。

2. 不足

品牌资产十要素模型的局限性在于：首先，各个指标之间的范畴标准并不统一，如知名度与忠诚度这两个指标重要程度并不等同，但该模型将二者置于同一层面进行评估；其次，在研究特定行业的品牌资产时，需要对品牌资产十要素模型的各项指标进行相应的调整，以更好地适应该行业的情况与特性。这种指标在设置上欠缺科学性，加大了实务应用中的难度。

二、品牌资产评估模型

（一）模型介绍

扬罗必凯广告公司最早提出了朗涛形象力模型，即品牌资产评估模型的前身，并在多年的时间里进行了不断完善和发展。该公司通过每隔三年发送的自填问卷来收集消费者的反馈和看法，这一研究涵盖了 19 个国家的 450 个全球性品牌以及分布在 24 个国家的8 000多个区域性品牌，并且随着研究的深入在逐渐拓宽范围。

该模型的战略基础是品牌哲学与品牌建设模型的结合。扬罗必凯广告公司认为品牌管理的宗旨是建立一个强大的品牌基因。一个品牌因为拥有伟大的产品与理念而形成了品牌本质，拥有核心价值、核心个性与视觉识别，并通过一系列品牌推广活动，促成消费者的产品使用、产品记忆、产品联想、产品偏好等。

在这一模型中，品牌推广者可利用以下四个维度的指标来评估各个品牌的推广效果。

（1）差异性：指品牌在市场上区别于其他竞争品牌的独特性。

（2）相关性：指品牌与消费者之间联系的紧密程度，具体包括品牌形象、品牌定位与消费者的契合程度。

（3）品牌地位：指品牌在消费者心目中受尊敬程度、品牌的档次、认知质量以及受欢迎程度。

（4）品牌认知：指消费者对品牌内涵、价值的认识和理解的深度。

通过收集消费者的数据，该模型还建立了品牌强度和品牌高度这两个关键因素，在这两个因素的基础上，各个指标被分配到矩阵中的相应位置。

（1）品牌强度：该指标是差异性和相关性的乘积，用来衡量品牌在市场上的竞争力和吸引力。

（2）品牌高度：该指标是品牌地位和品牌认知度的乘积，用来评估品牌在消费者心目中的声誉和影响力。

（二）模型的特点与不足

1. 特点

该模型的特点在于在评估品牌核心价值时从消费者角度出发，体现了消费者的品牌认知以及品牌个性。基于这一特点，品牌方可以将品牌资产引擎模型作为品牌推广计划实施前进行消费者洞察的一个重要工具，以此来评估品牌与消费者之间的关系。总而言之，该模型的价值在于，能够诊断某一品牌未来的发展趋势与推广方向，测定其在推广中表现出的品牌力量，并且能够提出一些量化的建议信息。

2. 不足

品牌资产评估模型有其局限性，其中的各项指标设定需要经过品牌推广达到一定效果后才能得到。因此，该模型为品牌推广效果评估指标的设定提供了基础，并为企业提供了一个全面的品牌管理和推广决策的参考依据。

三、英特品牌价值评估模型

（一）模型介绍

英特品牌公司是世界上最早也是最著名的品牌价值评估机构之一，它对世界品牌的评价具有公认的权威性。英特品牌价值评估模型同时考虑了主客观两方面的事实依据。客观的数据包括市场占有率、产品销售量及利润状况；主观判断是品牌强度，也叫品牌势能。两者结合就构成了英特品牌价值评估模型的计算公式：

$$V=P\times S$$

在公式中：V 代表品牌价值，P 指的是品牌带来的纯利润，S 则为品牌强度。品牌强度是品牌未来收益潜力的基础，是品牌资产价值的实质性体现。它是一系列品牌因素的综合反映：历史和未来，定性和定量，主观和客观，微观和宏观。

值得说明的是，为了避免汇率的变化所引起的波动，对外国企业所有的计算都以本国货币为基准，但品牌价值、销售收入和营业利润等数字在具体的表中都以美元表示。外国品牌则根据品牌的财政年度年末的汇率折算成美元。

英特品牌公司先后提出多套计算品牌强度的模式。最初，英特品牌公司使用的是四因子加权综合法，包括比重（Heavy）——市场占有率，广度（Broad）——市场分布，深度（Deep）——顾客忠诚，长度（Long）——产品延伸，后来又修改为七因子加权法。表 10－1 为七因子加权法的权重表。

表 10－1　七因子加权法的权重表

七因子	含义	权重（%）
领导力（Leadership）	市场地位	25
稳定力（Stability）	维护消费者特权的能力	15
市场力（Market）	所处市场的成长和稳定情况	10
国际力（Internationality）	穿越地理文化边界的能力	25
趋势力（Trend）	对行业发展方向的推动力	10
支持力（Support）	所获得的持续投资和重点支持程度	10
保护力（Protection）	合法性和受保护程度	5

（二）模型的特点与不足

1. 特点

英特品牌价值评估模型具有两大鲜明特征。首先，该模型以品牌的未来盈利潜力为基础，认为品牌的价值并不完全取决于创建品牌所需的成本，也不在于拥有品牌的产品能够带来更高的溢价，而是取决于品牌能否为其所有者在未来带来更为稳定的收益。其次，该模型将财务、市场与品牌三要素综合考量。如上所述，为了测定未来收益，我们需要进行财务和市场分析。品牌推广的作用在不同的行业间具有显著差异性，因此市场分析对于明确品牌所处行业的状况十分关键。而品牌强度分析则衡量了品牌在未来收益转化为现实收益这一过程中存在的风险。

2. 不足

该模型存在的问题是，其品牌强度倍数的稳定性和科学性很难得到验证。除品牌收益外，品牌强度倍数也被视为最关键的评价指标。然而，缺乏证据来支持其验证流程和验证的深度。在品牌强度的各项评估指标中，尽管消费者的品牌态度有所体现，但由于消费者的品牌认知与品牌态度是品牌行为和品牌未来命运的基石，因此该模型脱离认知与态度而建立起品牌强度的结论，并不具有强大的说服力。此外，该模型评估过程较为粗糙，不适用于精细化评价，在实际操作中较多用于品牌价值榜单发布。

四、品牌资产引擎模型

（一）模型介绍

国际市场研究集团推出了品牌资产引擎这一品牌资产研究的专利技术。这一模型指出，尽管实现品牌推广的目标依赖于消费者的购买行为，但仅仅通过购买行为的指标无法全面反映品牌推广的真正成效。品牌的价值最终取决于消费者对于品牌的认知，也就是消费者的品牌感知能力。

品牌资产引擎模型将消费者对品牌形象的感知分为两大类别：一种是“硬性”的，即对品牌的有形或功能性属性的认知；另一种是“软性”的，它揭示了品牌的情感价值。它既适用于持续的研究项目，也适用于特定的研究项目。

品牌资产引擎模型还构建了一套标准化的调查问卷，其通过专用的统计软件工具，能够计算出每个被调查品牌的品牌资产标准化得分，以及在价格、亲和力和功能表现方面的标准化得分。这些得分被进一步细分为多个子项，以便更全面地了解各个因素对品牌资产总得分的具体贡献，以及哪些因素对品牌资产的贡献最为显著，哪些因素是真正推动品牌资产增长的关键因素。亲和力主要涵盖了产品中的情感元素，如历史的连续性、信赖感、创新性、需要被理解、情感的连接、美好的回忆、高端、接受度和权威的认同等。而功能表现则是指除情感元素外产品的其他各种因素，如味道、质量、原材料和外观等。

（二）模型的特点与不足

1. 特点

该模型的创新点在于注重品牌感知力，并创新性地将品牌感知划分为“硬性感知”与“软性感知”。在品牌资产引擎模型中，构成品牌资产和价值的三大要素中，品牌亲和力的权重最大，而价格和功能的权重却相对较低，可见其更强调品牌推广效果中的情感价值，这是一个注重消费者态度的评估模型。

2. 不足

作为一个量化模型，其指标的设置都是基于对消费者的调查数据，但该模型的指标相比其他模型却具有较重的感性色彩。然而在实际操作的过程中，将感性数据量化有着不小的难度。以品牌亲和力这一指标为例，调查所获取的数据可能会受到消费者主观因素的影响。

五、ROI 评估模型

（一）模型介绍

唐·舒尔茨提出了基于消费者的投资与回报的品牌传播效果评估体系，这一体系摆脱了其他研究中侧重价值、认知和态度等指标的评估，在量化的基础上直接建立关于投资回报的程序化评估体系。

对于品牌来说，ROI（投资回报率）通常是推广效果最重要的衡量标准。因为它是衡量品牌推广花费的资金是否对于公司业务产生良好的实际影响，如产生潜在客户、增加销售额、提升品牌知名度或者推动其他有价值的客户活动。

通过计算投资回报率，企业可以了解通过推广活动获取了多少利润，还可以使用 ROI 来辅助预算分配的决策。例如：如果品牌发现某个推广活动产生的 ROI 高于其他活动，那么便可以将更多预算投放于 ROI 高的推广计划，而将更少的资金用于效果不佳的推广计划。

计算 ROI 的公式如下：

ROI＝[（收入－成本）/投入]×100％

其实 ROI＝产出/投入×100％，但它不是简单的收入－成本＝利润，更准确的说是销售收入。所以这里又会涉及三个“率”的计算：（1）成本利润率；（2）销售利润率；（3）投资回报率。

成本利润率＝利润/成本×100％，反映的是成本和利润的关系，是衡量企业盈利能力的一个重要指标。该指标越高，表明企业为取得利润而付出的代价越小，成本费用控制得越好。

销售利润率＝利润/收入×100％，反映的是企业利润与销售额之间的比率，是衡量企业销售收入的收益水平的指标，也是属于盈利能力类指标。

投资回报率＝产出/投入×100％，反映的是投入与产出的关系，更多是衡量投资的价值，而非单纯的利润。

（二）模型的特点与不足

1. 特点

ROI 评估模型最直观的特点是经济性。ROI 评估模型不同于其他以态度为主的品牌评估模型，直接进入了盈利效果阶段，可以帮助企业确定推广活动的经济效益，从而对推广资源进行合理配置和优化。此外，它综合考虑了销售额、成本、投资等多个因素，能够综合评估推广活动的整体收益效果。值得一提的是，舒尔茨指出，ROI 评估模型能够将态度与行为结合起来评估和考察。

2. 不足

首先是数据收集难度大。作为一种量化的效益评估模型，ROI 评估模型需要准确的数据支持，包括销售数据、成本数据等。但是，获取这些数据可能存在困难，尤其是对于线下渠道等非直接销售渠道的评估更为复杂。

其次是时间上的延迟。ROI 评估需要有一定的时间跨度才能得出准确的结果，而且推广活动可能会受到其他因素的干扰，如市场波动、竞争活动等，这可能导致结果的延迟性和不确定性。

最后，ROI 无法全面反映品牌价值。ROI 评估模型主要关注销售额和成本等经济指标，但无法直接、全面地反映品牌的非经济价值，如品牌形象、品牌忠诚度等。

经典案例

阿迪达斯的“30 亿元”教训

2019 年，Marketing Week 发布了一篇名为《阿迪达斯：我们在数字营销领域进行了过度投放》的新闻，这篇文章主要探讨的是，阿迪达斯因为对“效果可见”的大量投资，每年至少花费 30 亿元人民币作为“教训”。更为严重的是，其对品牌建设的疏忽导致了难以计量的经济损失。

这篇文章被认为是一篇“里程碑”式的报道，它给将“效果可见”的数字营销视为品牌核心追求的品牌主敲响了警钟，即在数字化媒体不断编织“效果可见”的神话的催眠下，越来越多的品牌正在变得短视——追求短期的品牌推广成效以及带来的 ROI 等量化指标的增长，也许会使人们偏离真实的品牌推广效果。

针对阿迪达斯此次事件，业内人士指出，绝大多数网络媒体在评估效果时会以“最后一次点击”，即导致购买的这次点击来计算效果，但更深入的研究表明，在这次至关重要的点击之前，一个用户至少需要 20 次以上的品牌触达，才能产生最后的关键性效果，而且很多互动是无法用数据评估的。因此，仅仅有数据模型、计算公式和量化指标并不能完美地揭示品牌推广的效果，品牌方仍需考虑到品牌建设以及其他与品牌价值息息相关的标准，对效果进行科学、综合的评估。

六、效果群相互作用模型

（一）模型介绍

Giep Franzen 的效果群相互作用模型从品牌推广效果最初始的阶段——受众的“接触”和“关注”出发，强调了品牌认知、品牌定位、品牌联想与信念、品牌经验与行动、品牌口碑与态度和品牌信息处理这六个方面的相互作用和紧密联系。该模型强调了品牌推广中效果产生的相关关系，并指出各种已有品牌资产对品牌推广效果的作用，更强调了推广对品牌资产形成的贡献。该模型的示意如图 10－1 所示。

此外，Giep Franzen 还在此基础上建立了有效推广活动的评价标准：(1) 必须被人感知；(2) 必须吸引并维持人们的注意力；(3) 必须能够使人们经常注意品牌并为其消费；(4) 必须令人们喜爱；(5) 必须显著区别于其他品牌；(6) 必须引导人们做出有利于品牌的选择；(7) 必须使人们对于品牌的核心信息印象深刻。

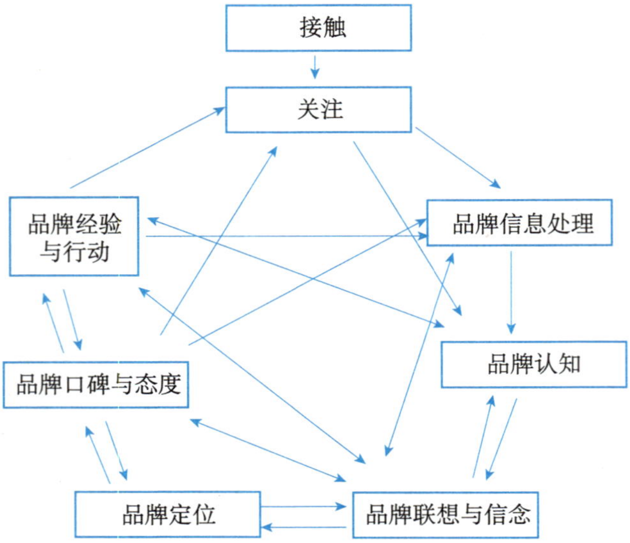

图 10-1　效果群相互作用模型图示

（二）模型的特点与不足

1. 特点

该模型突破了传统的线性模型，强调了品牌推广效果产生的各要素之间的相互关系，能够捕捉各个指标之间的综合效应，帮助分析人员更全面地理解市场运作机制。此外，该模型还可以综合考虑多种品牌推广策略对消费者品牌行为和品牌推广效果的影响，并量化它们之间的相互作用效应。

2. 不足

一方面，该模型对数据和消费者调查信息的需求较高，需要大量的市场数据支持，包括推广活动、消费者行为和市场情况等方面的数据。如果数据不完整或不准确，可能会影响模型的准确性和可靠性。另一方面，该模型的假设较多，如上文所述的必须显著区别于其他品牌，必须引导人们做出有利于品牌的选择，这些假设的测定难度在实操过程中难以量化，增大了实操的难度。此外，该模型对于品牌推广经济效益方面的测量考虑较少。

第三节　品牌推广效果评估的方法

一、接触效果的评估

媒体在进行品牌推广时，首要的任务是确保信息能够及时且准确地传递给消费者，因此在评估推广效果时，首先要考虑的就是受众触达程度。接触效果的评估方法会因推广渠道上的不同而产生本质上的区别，总体而言，大部分的评估标准主要集中在推广渠道上信息的阅读、观看、收听、点击、访问、参与和讨论的数量等方面。

（一）平面媒体

对平面媒体上信息的接触效果评估，主要用注目率、阅读率与精读率来衡量，分别表示消费者对特定平面媒体上广告信息的接触程度。

（1）注目率：指在特定平面媒体上展示的广告被消费者注意到的比例，可以通过问卷调查等方法来测量。

（2）阅读率：指消费者在接触广告时进行文字阅读的比例，可以通过观察消费者的行为或结合问卷调查等方式来评估。较高的阅读率表示消费者对广告内容感兴趣，并愿意花时间仔细阅读。

（3）精读率：指消费者在接触广告后能够理解并记住广告内容的比例，可以通过面对面访谈、电话访问等方式来测量。较高的精读率表示广告成功地将信息传递给消费者，并激发了他们的记忆和深入思考。

（二）电视媒体

对电视媒体接触效果的评估主要由以下指标构成：触达率、收视率等。

1. 触达率

在一段时期内有机会收看某电视广告 1 次及以上的人口百分比，有 1 次以上和 3 次以上两个尺度。收看该广告超过 1 次的人口百分比为 1＋触达率；如果是收看该广告 3 次以上人口的百分比，就是 3＋触达率，也就是我们所说的有效触达率。

2. 收视率

收视率是指某一时间段内观众观看某一电视频道或节目的情况，通常以百分比的形式表示。

（三）网络媒体

根据电通公司提出的互联网环境下 AISAS 广告传播模型，对网络媒体上信息传播的接触效果评估主要考察用户搜索和分享相关的行为数据。然而，除这些行为数据外，还有下列指标可以用来评估网络媒体的接触效果。

首先，我们可以考虑访问量和点击率这两个指标。访问量是指网站或网页被用户访问的次数，而点击率则是指用户在网页上点击链接或广告的比例。这两个指标可以反映用户对信息的感兴趣程度和参与度。

其次，黏度也是一个重要的指标。黏度指的是网站黏滞程度，即用户在网站或网页上停留的时间。如果用户在网站或网页上停留的时间较长，说明他们对信息感兴趣，并愿意花更多的时间去了解和参与相关活动。

最后，品牌推广活动的转发量和评论量也是评估网络媒体接触效果的重要指标。传播转发量表示信息被用户转发的次数，而评论量表示用户对信息进行讨论和评价的数量。这些指标可以反映出品牌信息在网络媒体上的传播范围和影响力。

经典案例

保时捷何以“智取”用户接触效果?

2008 年，保时捷公司准备推出一款新型的涡轮增压敞篷汽车，并计划针对这一全新产品展开一系列的品牌推广活动。于是，保时捷向车主发送了个性化的专属电子邮件，同时也鼓励他们访问相关网站平台以获取更多信息。通过这个全新的平台，客户可以获得最新的产品和服务信息，此外还可以对自己感兴趣的信息进行搜索、评论甚至分享。此次活动的推广策划与互联网技术进行了紧密结合，达到了对推广效果进行数字化追踪的目的。在这次推广效果的评估中，由于选取了网络媒体的投放渠道，保时捷公司采用访问量、黏度以及转发量等关键性指标，以量化的方式获取并分析了品牌推广的接触效果。

统计数据显示，此次活动吸引了 2 700 多名用户参与，平均浏览网站时长为 15 分钟，并且有 500 多封邮件被这些用户分享给了其他人（这是口碑营销的一个效果），表现出推广活动极高的吸引力与黏性。整体上，活动的回应率高达 30%，鉴于目标受众的忙碌程度，保时捷公司对此次活动的成果表示了高度的满意。

二、心理效果的评估

品牌推广心理效果评估是指对品牌推广活动所产生的心理影响进行评估和分析的过程。其内涵主要划分为三个层面：认知层面、态度层面、行为层面。

（一）认知层面

1. 品牌识别法

品牌识别法通过测试消费者对一组品牌元素的识别能力来评估品牌传播的效果。在这种方法中，受访者被要求辨认出与特定品牌相关的标志、广告、产品包装等元素。通过分析受访者对品牌元素的正确识别率，品牌方可以了解品牌在目标受众中的知名度和辨识度。

2. 品牌回忆法

品牌回忆法通过测试消费者对于特定品牌的记忆能力来评估品牌传播的效果。在这种方法中，受访者被要求回想起他们最近接触的品牌，并描述相关的品牌元素、广告内容或产品特点等。通过分析受访者回忆的准确性和完整性，品牌方可以评估品牌在消费者心中的记忆程度和影响力。

3. 品牌投射法

消费者对于品牌的印象一般停留在潜意识中，品牌回忆法等方法所引发的理性思考有时并不能呈现其真实的印象。而在品牌投射法中，消费者受到一些模棱两可的投射技术的刺激，被要求描述他们对特定品牌的印象、特点、价值观等。在这种情境下，消费者可展开自由联想，投射出真实想法。这其中的投射方法又可分为两种：一种是自由联想测试，即将一系列包含有关品牌的物体呈现给消费者，要求消费者回答有关品牌的名称；另一种则是图像解释测试，即将一幅实际生活的场景图画呈现给消费者，并让消费者回答有关问题。品牌投射法的优势在于能够探究消费者更深层次的心理活动，但测定过程需要耗费较多的精力与财力，在学术研究中应用较多，也有部分企业会外包给专业机构进行评估测量。

（二）态度层面

由前文所述可知，品牌态度存在理性态度与感性态度之分，因此在进行测定时，基于这种差异也应当选取不同的评估方法。其中，理性的品牌态度一般可采用多属性指数法和思维诱导法进行测量。

1. 多属性指数法

多属性指数法是基于消费者对品牌的多种属性态度来综合反映消费者品牌态度的一种方法。其计算公式如下：

$$V=\sum(W_i \times X_i)$$

其中，V 为品牌态度指数，W_i 为第 i 个属性的信念强度，X_i 为第 i 个属性的权重（即相对重要性）。

在确认信念强度 W 时，可询问考察对象认为某品牌拥有属性 i 的可能性，这一问题可使用态度量表对其进行量化处理。消费者对品牌的某种属性的信念程度可能因品牌推广活动而变化，推广效果就是根据推广活动前后每种属性的平均信念强度的改变来衡量的。而属性 i 的权重 X 取决于各个属性在考察对象心目中的重要性排序。

2. 思维诱导法

思维诱导法是理性品牌态度的另一种测定方法。这种方法是把识记品牌呈现在访问对象面前，或者用语言和图像向访问对象描绘，要求其对品牌进行评价。在使用思维诱导法时，可加入竞品分析的内容，用参照物开拓思维。

其中，品牌态度＝对品牌的肯定想法－对品牌的否定想法。

另外，思维诱导法虽然可以引导访问对象对品牌进行评价，但其评价结果可能会受到访问对象自身经验、认知偏差、心理状态等因素的影响，从而存在一定的主观性。因此，在应用思维诱导法进行品牌态度测定时，要控制好评价过程的影响因素，并结合其他研究方法进行多角度分析，以得出更为准确的品牌态度评价结果。

（三）行为层面

要测量消费者的购买行为，要经过一系列的过程，包括购买态度的测量、购买意向的测量。

1. 购买态度的测量

品牌购买态度不是指有关品牌本身和品牌个性的态度，而是指消费者对购买某一特定品牌的看法和感觉，可用语义差别法来进行评估，即选择有关品牌购买态度的一对反义词，并在两个词之间列上一些标度，由消费者选择代表其意愿的方向和程度。

在品牌推广计划实施前后，可以分别测定消费者购买态度的语义差别尺度，然后通过对比分析确定品牌购买态度的变化。

2. 购买意向的测量

品牌购买意向是指消费者对某个品牌的购买倾向性，即消费者是否有意愿购买该品牌的产品或服务，并且在下一次依然有意愿选择复购该品牌的产品或服务。购买意向的评估就是确定消费者在品牌购买决策中的意向和可能性。购买意向同样可以采用语义差别法，让消费者针对产品的购买意愿和复购意愿在语义差别尺度上进行选择。

三、盈利效果的评估

（一）量化统计测定法

1. 效果比率法

效果比率法表示销售量的增加与推广费的增加之间的比率关系，即在销售量不变的情况下，推广费增加率越小，表明推广活动经济效果越好。

2. 边际测量法

边际测量法是测定品牌推广效果的另一种方法，它指的是测定品牌推广费的边际追加部分（即边际推广费）与销售额的边际增加部分（即边际销售额）之比。

具体而言，边际测量法需要确定两个关键指标：边际推广费和边际销售额。

（1）边际推广费：指推广活动的边际成本，即品牌推广费用的额外追加部分。例如：如果在推广前的月份，品牌推广费用为 10 000 元，在推广后的月份，品牌推广费用增加到 12 000 元，则边际推广费为 2 000 元。

（2）边际销售额：指推广活动所带来的额外销售额增加部分。例如：在推广前的月份，销售额为 50 000 元，在推广后的月份，销售额增加到 60 000 元，则边际销售额为 10 000 元。

然后，通过计算边际销售额与边际推广费之比，可以得出一个衡量品牌推广效果的比值。如果这个比值大于 1，表示推广活动的效果是正向的，即推广活动带来的销售额增加超过了推广费用的增加；如果这个比值小于 1，则表示推广活动的效果是负向的，即推广费用的增加超过了销售额的增加。

3. 货值比率法

此方法是计算每百元销售额支出的广告费用，推广费比率越小，则推广效果越好。

4. 使用牵引率法

使用牵引率评估模型是一种大抽样评估模型，在全国大范围领域抽样，把样本分为两类：（1）未受推广影响者，即对推广一无所知的产品使用者，其百分比记为 $x\%$；（2）受推广影响者，即对推广活动记忆深刻的使用产品者，其百分比记为 $y\%$ 。

结论：不做推广只有 $x\%$ 人购买；做推广则有 $y\%$ 人购买。其差额即 $(y-x)\%$的人是被推广活动影响而购买使用产品的人，这个差额称为使用牵引率。

5. 沃尔夫 PFA 法

沃尔夫 PFA 评估模型是对使用牵引率评估模型的进一步细化，它使用询问调查的方法，将被调查者划分为接触推广活动与非接触推广活动两大群体，进而甄别购买者与非购买者人数，由此测量品牌推广活动带来的效果。在调查询问时，第一步要确认消费者是否看到或听到了该品牌的推广活动，然后再询问有无购买该品牌的产品，取得相应的准确数据后，可展开计算。

$$\text{PFA 购买率}=\text{UP}=(A/A+C)-(B/B+D)$$

$$\text{总体 PFA 比率}=\{A-(A+C)[B/(B+D)]\}/N$$

$$\text{所有购买者 PFA 比率}=\{A-(A+C)[B/(B+D)]\}/(A+B)$$

其中，A 为接触过推广而购买的人数，B 为未接触过推广而购买的人数，C 为接触过推广而未购买的人数，D 为未接触过推广也未购买的人数，N 为总体人数。

6. NETAPPS 法

NETAPPS 指推广引起的购买者占总购买者的比率。该方法的核心观点是：接触推广与购买商品之间不一定有直接的因果关系，推广活动的销售效果应剔除接触过推广但并非因此购买的情况。NETAPPS 法以未接触广告者中却采取购买行动的百分比视为接触广告者中“非因广告刺激而购买”的比重，因此，将未接触广告者中却采取购买行动的百分比从接触广告而购买者中去除，剩下的就是“纯广告销售效果”。

其操作原理就是：在“阅读广告而不受广告刺激购买者的比率和未阅读广告而购买者的比率相同”的假定下，依据统计分析结果，计算 NETAPPS 分值，以此测定广告的销售效果。

计算公式为：

$$\text{NETAPPS}=(A-B)/N\times 100\%$$

其中，A 为看过广告而购买的人数，B 为未看过广告而购买的人数，N 为总体人数。

7. 固定样本连续调查法

固定样本连续调查法是研究消费者购买行为的基本手段之一。按简单随机抽样的方法，抽出所要调查人或家庭，对被调查人或家庭进行长期跟踪调查。固定样本连续调查法是一种经济高效的调查方法，旨在通过持续观察和收集数据来了解特定领域或群体的变化趋势。它基于一个固定的样本群体，在一段时间内反复进行调查，以便分析和比较数据的变化。

固定样本连续调查法的优势在于能够观察和分析领域或群体的长期变化趋势，从而帮助决策者做出更准确的判断和预测。然而，它也存在一些局限性，如需要长时间的跟踪和收集数据，可能会受到样本固定性和漏报/误报等因素的影响。因此，在使用该方法时需要注意其局限性并进行合理解释和分析。

消费者固定样本连续调查可以应用于品牌推广效果评估中。如要评估某一品牌在某段时期的推广效果，可将所有样本户分为接触该广告的家庭和未接触该广告的家庭两组。在品牌推广活动前后，统计两组家庭购买新产品的数量，分析品牌推广活动的影响情况。

（二）特定实验测定法

除了数据统计分析类方法，评估品牌推广效果还可以借助购买者数和品牌变更者数等指标进行实验，实验中依然将销售额作为主要标准。

（1）购买者数：该指标反映了广告推广活动吸引到的实际购买产品或服务的消费者数量。通过比较推广前后的购买者数，可以初步评估广告对消费者购买行为的影响。如果购买者数量显著增加，可认为广告推广效果较好。

（2）品牌变更者数：该指标衡量了广告活动后顾客从其他品牌转向购买目标品牌的数量。如果品牌变更者数量增加，说明广告推广活动成功地吸引了竞争品牌的顾客，并促使他们转向购买目标品牌。

具体而言，可以采用零售店调查法和销售地区测验法。

（1）零售店调查法：这是一种以零售商、小规模门店作为对象，调查在特定的推广活动期间的销售量、陈列状况、价格、POP 广告和展销的实施状况等的方法。调查者收集这些门店的数据信息，并通过对比数据变化进行分析。

（2）销售地区测验法：在特定的销售地区中进行品牌推广活动，并与未参与品牌推广的地区进行对比。通过比较两个地区的销售额，可以初步判断品牌推广活动的效果。

经典案例

杜邦的“实时”零售店调查法

杜邦公司最成功的品牌推广源于与美国纳斯卡车赛（NASCAR）的一次合作。NASCAR 作为美国观看人数最多的赛车项目，每年观看人数超过 8 000 万。杜邦公司通过与这样高关注度的赛事进行品牌推广合作，首先在消费者群体中建立公司的品牌熟知度，之后又向全国零售商提供销售奖项，前 24 名能够获得 NASCAR 比赛的豪华包厢，这样的奖励自然吸引了不少零售商争相提高销售额。与此同时，在这一品牌推广活动进行期间，杜邦公司持续对各个零售门店的销售额等指标进行统计，并与活动推广前的数据进行对比分析，同时根据数据实时调整在全国投放广告的情况。最终，在 2006 年 NASCAR 比赛期间，新签约的零售商增长了 202 家，销售总额增长了 186%，杜邦由此创造了一次成功的品牌推广活动。

盖洛普——鲁滨逊事后效果测验

本章小结

本章既介绍了品牌推广效果的含义，品牌推广效果评估的意义、方向和具体内涵，又较为详细地介绍了与品牌资产相关的六个经典的品牌推广效果评估模型，分别是品牌资产十要素模型、品牌资产评估模型、英特品牌价值评估模型、品牌资产引擎模型、ROI 评估模型、效果群相互作用模型，并且分别分析了这些模型的特点与不足，为实际操作中的模型挑选与调整提供了一定的思路，最后从认知、态度和行为三个层面介绍了一些适用于不同场景的实用评估方法。

本章测试

一、名词解释

品牌偏好　　英特品牌价值评估模型　　有效触达率　　语义差别法

二、判断题

1. 消费者对品牌的软性感知是指对品牌的有形或功能性属性的认知。（　　）
2. 品牌资产引擎模型的主要指标包括品牌感知、品牌知名度、品牌联想、品牌忠诚度和品牌其他专有权。（　　）
3. 在英特品牌价值评估模型中，品牌强度指标的权重最高的是稳定力。（　　）
4. 思维诱导法具有一定的主观性。（　　）
5. ROI 的计算公式为：ROI=[(收入−成本)/投入]×100%。（　　）

三、选择题

1. 品牌资产评估模型中，品牌强度这一指标是由哪两个因素相乘得到的？（　　）（多选题）

A. 差异性　　B. 相关性　　C. 品牌高度　　D. 品牌地位

2. 下列因素中，（　　）属于品牌资产引擎模型中的亲和力这一指标。（单选题）

A. 高端　　B. 质量　　C. 外观　　D. 味道

3. 下列指标中哪个不属于品牌资产十要素模型？（　　）（单选题）

A. 品牌知名度　　B. 品牌联想度　　C. 品牌忠诚度　　D. 品牌接触度

4. 以下哪个品牌推广效果评估模型不属于线性模型？（　　）（单选题）

A. 品牌资产十要素模型　　B. 品牌资产评估模型

C. 英特品牌价值评估模型　　D. 效果群相互作用模型

5. 对品牌推广活动的网页点击率、网页停留时间等指标进行统计和分析，这属于品牌推广效果评估方法中的（　　）。（单选题）

A. 接触效果评估　　B. 心理效果评估　　C. 盈利效果评估　　D. 忠诚效果评估

四、简答题

1. 请简述品牌回忆法的要点和内涵。

2. 请介绍品牌资产引擎模型中品牌资产的三个构成要素，并分别进行说明。

3. 请简要论述品牌资产模型的特点与不足之处。

五、论述题

1. 请结合具体例子分析英特品牌价值评估模型在可口可乐品牌推广效果评估中的应用。

2. 如何使用投射技术法对星巴克的感性品牌态度进行测量？请拟定具体的测量流程与测量问题。

六、案例分析题

数字时代，麦当劳如何破解效果评估难题？

作为全球领先的快餐连锁店，麦当劳在全球100多个国家和地区拥有36 000多个营业网点。与其他公司相同的是，麦当劳也会使用一些方法和策略来评估和调整品牌推广的效果，以增进销量和提升知名度。然而在数字化时代，越来越多的传统方式处于革新的档口，究竟怎样才能科学评估品牌的推广效果？又该如何对其进行调整？

麦当劳中国CMO在采访中谈到，品牌推广的基础逻辑曾经是以n+reach为主，即通过n次触达消费者，使得品牌信息能在目标消费群体中形成品牌影响，驱动消费者的品牌行为。然而，任何一种评估模型与方法都不是万能的和一成不变的，在实际操作中，它们需要配合具体问题与实际情况进行完善与深化。根据推广效果的反馈与评估，麦当劳中国

CMO认为，传统的效果评估方法已然失灵了。传统的效果评估方法诞生在触达点相对集中的时代，而在新媒体飞速发展的当下，媒体渠道碎片化日益加重，对于首要的触达效果的评估，使用简单的统计计数很难满足品牌信息有效投放的需求。品牌需要考虑的因素变得十分复杂：在什么时间点上触达用户，应该触达用户几次，触达用户的时候品牌内涵和促销信息的平衡应该讲什么等，它们之间的联系与影响变量可能是千万量级的。如果品牌推广无法找准这些触达点，或者在这些触达点投放的内容无法形成消费者有效的反馈，就会造成资源的浪费。

因此，当下迫切需要一种更加科学的方式来辅助解决营销学领域的“哥德巴赫猜想”——品牌推广的效果该如何去评估与调整，以此来实现品牌利益的最大化。从效果上看，科学手段的加持正在为麦当劳提升品牌推广的效率与效果。麦当劳中国数字化业务副总裁介绍了品牌在2023年11月进行推广的案例：通过运用RACE产品，麦当劳针对不同品牌行为的用户展开推广效果评估，然后进一步对用户进行细分，对那些更有可能采取行为的用户增加广告曝光度，并且在品牌推广活动结束后再次进行测定。数据显示，目标商品的订单转化率提升了14%。

麦当劳将科技作为效果的驱动力，制定了详细的“3+1”战术，以促进推广投资ROI的提升。在这里，“3”是指推广资源的位置、媒体的形态以及频率控制这三个方面的策略行动，而“1”是指那些能够触动人心并具有强烈穿透力的内容。更具体地说，当涉及推广资源的位置选择时，麦当劳会对数据的捕获能力和消费者行为的感知进行仔细地评估与测定，以便灵活地调整推广资源的分配。在筛选媒体形式组合的过程中，通过持续的实时监控和动态调整，能够更有效地匹配不同的媒体形式和位置。在投放时间选择层面，通过精准化定位和有效利用，可为不同目标受众提供差异化服务。在频率控制方面，利用RACE等工具对推广数据进行分析，能够更有效地控制触达用户的频率，甚至可以通过跨媒体规划来调整频率和优化资源组合。

麦当劳中国数字化业务副总裁认为，简单的量化数据并不是最重要的，最令人激动的是品牌推广的效果——精筛目标消费者的效率提升和品牌信息的有效传递。就像以前触达客户都是通过大规模炮火覆盖，现在通过一系列手段与技术可以精确制导，并让麦当劳在传递品牌价值理念的同时提升目标消费者最终的行为转化效率。

分析：

1. 麦当劳中国CMO认为麦当劳在时代的变革中面临有效触达消费者的考验。在实际的操作中，我们应该采用哪些方法或指标去评估麦当劳在接触层面的效果？

2. 对于麦当劳来说，量化的评估数据并不是最重要的，最重要的是在目标消费者认知和态度上体现的效果。如果想要从消费者的角度出发测定麦当劳的品牌推广效果和品牌力量，在洞察消费者与品牌关系的同时给出一些量化建议，应该采用哪一评估模型？具体步骤是什么？

参考文献

［1］劳拉·里斯．视觉锤：视觉时代的定位之道［M］．寿雯，译．北京：机械工业出版社，2020．

［2］戴维·阿克．管理品牌资产［M］．吴进操，常小虹，译．北京：机械工业出版社，2012．

［3］张明立，任淑霞．品牌管理［M］．3 版．北京：北京交通大学出版社，2019．

［4］罗瑟·瑞夫斯．实效的广告［M］．呼和浩特：内蒙古人民出版社，2000．

［5］凯文·莱恩·凯勒．战略品牌管理［M］．吴水龙，何云，译．4 版．北京：中国人民大学出版社，2014．

［6］大卫·艾克，爱里克·乔瑟米赛勒．品牌领导［M］．曾晶，译．北京：新华出版社，2001．

［7］汤姆·邓肯，桑德拉·莫里亚蒂．品牌至尊［M］．廖宜怡，译．北京：华夏出版社，1999．

［8］余明阳，薛可，杨芳平．品牌学教程［M］．3 版．上海：复旦大学出版社，2022．

［9］周朝霞．品牌传播［M］．北京：机械工业出版社，2024．

［10］菲利普·科特勒，凯文·莱恩·凯勒，亚历山大·切尔内夫．营销管理：第 16 版［M］．北京：中信出版社，2023．

［11］黎建新．品牌管理［M］．北京：机械工业出版社，2012．

［12］钟伟．品牌营销策划与管理［M］．北京：科学出版社，2009．

［13］郭桂萍，李斌玉，等．品牌策划与推广［M］．北京：清华大学出版社，2015．

［14］黄永春，李光明．品牌管理：塑造、提升与维护［M］．北京：机械工业出版社，2021．

［15］王海忠．高级品牌管理［M］．北京：清华大学出版社，2022．

［16］杜国清，陈怡，等．品牌传播理论与实务［M］．北京：中国传媒大学出版社，2018．

［17］余明阳，朱纪达，肖俊崧．品牌传播学［M］．2 版．上海：上海交通大学出版社，2016．

［18］陆剑清，丁沁南．营销心理学［M］．北京：人民邮电出版社，2017．